अंडरवर्ल्ड के 4 इक्के

देश के सबसे बड़े
चार गिरोहबाजों के
जीवन की सच्ची दास्तां

अंडरवर्ल्ड के 4 इक्के

विवेक अग्रवाल
बलजीत परमार

फंडा
Funda
राधाकृष्ण का उपक्रम

ISBN : 978-81-8361-920-2

मूल्य : ₹125

पहला संस्करण : 2019

राधाकृष्ण का उपक्रम

प्रकाशक
राधाकृष्ण प्रकाशन प्राइवेट लिमिटेड
जी-17, जगतपुरी, दिल्ली-110 051

शाखाएँ : अशोक राजपथ, साइंस कॉलेज के सामने, पटना-800 006
पहली मंजिल, दरबारी बिल्डिंग, महात्मा गांधी मार्ग, इलाहाबाद-211 001
36 ए, शेक्सपियर सरणी, कोलकाता-700 017

वेबसाइट : www.radhakrishnaprakashan.com
ई-मेल : info@radhakrishnaprakashan.com

मुद्रक : यश प्रिंटोग्राफिक्स
नोएडा-201 301 (उत्तर प्रदेश)

UNDERWORLD KE 4 IKKE
by Vivek Agrawal, Baljit Parmar

क्रम

यह किताब क्यों

वह 60 और 70 का दशक था। यही वो वक्त था, जब मुम्बई में संगठित अपराधी गिरोहों का जन्म हुआ था। वे पनपे थे। वे स्थापित हुए थे। यह था भारत में माफिया युग का आरम्भ। उस दौर में अपराध जगत पत्रकारिता के लिए भले ही बहुत साधन नहीं थे, यह जरूर था कि इन गिरोहबाजों तक पहुँच आसान थी। वे खुलेआम घूमते थे। सबके बीच उठते-बैठते थे। उन्हें एक-दूसरे से खतरा नहीं था।

70 से 90 के दशकों तक गिरोह सरगना बहुतेरे हुए लेकिन उनमें असली खिलाड़ी चार थे। कहना चाहिए कि ये तत्कालीन अंडरवर्ल्ड के गुरु थे। इनके बारे में बहुत थोड़ी जानकारी लोगों को है। लिखित साहित्य में तो उनके झूठे किस्से-कहानियाँ सच से अधिक छाए हैं। यही कारण है कि आज भी लोग उनके बारे में सच जानने के लिए लालायित रहते हैं। कौन थे ये?

ये थे मुम्बई अंडरवर्ल्ड के चार इक्के—

करीम लाला
वरदराजन मुदलियार
हाजी मिर्जा मस्तान
लल्लू जोगी
ये सब एक जैसे खतरनाक थे!

ये सब अपने इलाकों के बादशाह थे!

ये सब एक समान लोकप्रियता रखते थे!

ये सब मुम्बई में होकर भी किसी को नहीं दिखते थे!

ये आपस में कभी नहीं लड़ते थे!

इनके बीच पक्का भाईचारा था।

एक तरह का सिंडिकेट भी बन चुका था। हाजी मस्तान के बाकी तीनों से मधुर सम्बन्ध थे। यह भी मजेदार बात है कि कभी इन चारों ने शायद ही अपने हाथों से किसी को गोली या चाकू मारा होगा। बावजूद इसके ये सभी मुम्बई के स्याह सायों के संसार में सबसे खतरनाक और डर का बायस शख्सियत थीं।

मुम्बई माफिया के पनपने में विदेशी वस्तुओं, सोना-चाँदी तस्करी की सबसे बड़ी भूमिका है। यह बात कितनी सच है, कितनी झूठ, पूरा सच जानने के लिए उस दौर के चार सबसे बड़े संगठित गिरोह सरगनाओं—करीम लाला, वरदराजन मुदलियार, हाजी मिर्जा मस्तान और लल्लू जोगी की जिन्दगी और कामकाज में झाँकना जरूरी होगा।

इन चारों के साथ एक बात समान है, कि वे एक युग के हैं। दूसरी बात समान है कि सभी उसूलों वाले थे। खूनखराबा कोई नहीं करता था और तस्करी को वे गलत भी नहीं मानते थे।

कुछ बातें हैं ऐसी, जो उनमें समान न हों। इनमें से हर गिरोह सरगना एक अपने-आपमें अनूठा और अलबेला व्यक्तित्व था। उनके काम करने का तरीका भी अलहदा था। वे सारे बहुत अमीर या बड़े परिवारों-खानदानों से नहीं आए थे। सभी ने अपने-अपने हिस्से का संघर्ष जिया था।

'अंडरवर्ल्ड के चार इक्के' में इन चारों गिरोह सरगनाओं की जिन्दगी के हर रंग की छाप है। उनके रुदन से खुशियों तक, उनके परिवार से कामकाज तक, उनके उदय से अस्त होने तक...सब कुछ इसमें है। उनके राजनीतिकों से फिल्मी हस्तियों तक सम्बन्धों की कहानियाँ भी सबके सामने उधेड़-उधेड़ कर रख दी हैं। इन गिरोहबाजों के जीवन के ऐसे किस्से सामने आ रहे हैं, जो आज तक रहस्यों की धुंध के पीछे छुपे थे।

हमने मुम्बई माफिया के रहस्यमय संसार के इर्द-गिर्द छाए कोहरे को हटाकर सब कुछ साफ-साफ पेश करने की कोशिश इस अभियान में की है। यह महज एक किताब नहीं है। यह एक ऐसा दस्तावेज है, जिसमें पहली बार इन सरगनाओं के बारे में सत्य का उद्घाटन पूरी प्रामाणिकता के साथ किया है। दर्जनों लोगों से मुलाकातें कीं। सैकड़ों दस्तावेज खँगाल डाले। कई पुलिस

एवं कस्टम्स अधिकारियों से मिले। खुद के ही लिखे पुराने लेख और समाचार सामने रखे। साथ मिलकर किया तो यह काम और भी सरल तथा सुखद बन पड़ा।

हम दोनों पर ही सदा यह आरोप लगता रहा है कि हम माफिया सरगनाओं और गुंडों-गिरोहबाजों को ग्लैमराइज करते हैं। आरोप लगाने वाले लगाते रहें, हमारी बला से। अपराध कथाओं में रुचि रखने वाले पाठकों के लिए यह हमारी तरफ से सच्ची सौगात है।

मई, 2019
मुम्बई

—विवेक अग्रवाल
बलजीत परमार

जेंटलमैन डॉन अब्दुल करीम

अब्दुल करीम शेर खान पठान उर्फ करीम लाला उर्फ बड़े बाबा

अब्दुल करीम शेर खान पठान 1940 में अफगानिस्तान से मुम्बई आया था। उस समय करीम की उम्र महज 16 साल की रही होगी।

हुआ ये कि करीम के बड़े भाई सलीम की उम्र लगभग 23 साल थी। वह कुछ माह पहले ही मुम्बई आया था। एक दिन वह मुम्बई में गायब हो गया। उसकी कोई सूचना न मिली तो बड़े भाई की तलाश का जिम्मा वालिदैन ने छोटे से करीम को सौंपा।

मायानगरी मुम्बई में लाखों लोगों के बीच बड़े भाई की खोज छोटे से करीम के लिए बड़ी चुनौती था। उन दिनों गोदियों और बड़ी मिलों के गोदामों के चौकीदार अमूमन पठान ही होते थे। वे बेहद निडर, कद्दावर, साहसी और लड़ाके किस्म के होते थे। इन सभी का साथ मिलने की आस पर ही करीम ने मुम्बई आने की ठान ली।

भाई की तलाश में बना 'भाई'

उस जमाने में मिलों के बाहर पठान छोटी-छोटी चौकियाँ लगाकर बैठते थे और मिल मजदूरों को ब्याज पर कर्ज देते थे। जब मिल मजदूरों के महीने की पहली

से दसवीं तारीख तक वेतन हाथ में आता था तो उनसे उगाही करते थे।

उस उम्र में भी करीम काफी ऊँचे कद वाला, बेहद सुन्दर और स्वस्थ नौजवान था। भाई की तलाश में तमाम पठानों के बीच घूमते रहने के कारण वह तमाम पठानों में न केवल पहचाना हुआ चेहरा बन गया, न केवल लोगों की हमदर्दी उसके साथ हो चली, न केवल उसके सुख-दुख में साथ देने लगे, वे उसे अपना ही मानने भी लगे थे।

करीम लाला
(तस्वीर साभार : मुम्बई पुलिस)

इसी चक्कर में दो काम और भी हुए। गलियों के छोटे-मोटे गुंडों और लफंगों तक से छोटा सा करीम भाई की तलाश के सिलसिले में मिला, साथ ही हर गली-कूचे, घर और इमारत के बारे में भी उसकी जानकारी में ऐसा इजाफा हुआ कि पूरे इलाके का जीता-जागता नक्शा ही बन गया। भाई कभी मिला नहीं, करीम कभी वापस गया नहीं। आखिरकार पठान का उठाया हलफ था कि भाई को वापस लिये बिना वतन वापस न लौटूँगा।

गोदी का मुकादम

अब करीम मुम्बई में पेट पालने के लिए गोदियों में छोटा-मोटा काम करने लगा। वह चूँकि कुछ पढ़ा-लिखा था इसलिए गोदी में बतौर मुकादम (सुपरवाइजर) का काम मिल गया।

करीम इस्लाम का समर्थक था। इस्लाम की शिक्षाओं और सीख के प्रति करीम न केवल संवेदनशील था बल्कि उनकी दिल से इज्जत भी करता था। उसे जब पता चला कि इस्लाम में दर्ज है कि ब्याज खाना हराम है तो उसने मजदूरों को गोलबन्द कर इस सिखलाई के बारे में बताया। इसके कारण करीम मजदूरों में खासा लोकप्रिय हो गया लेकिन पठानों का धन्धा खराब होने से वे उसे नापसन्द करने लगे। करीम के खिलाफ कोई पठान कुछ बोलने की हिम्मत

करीम लाला, अमिताभ बच्चन, शशि कपूर
(तस्वीर साभार : बलजीत परमार)

नहीं जुटा पाता था क्योंकि गोदी के तमाम मजदूर उसके साथ थे।

1947 में देश आजाद हुआ। उस समय गोदियों में तमाम अलग-अलग सम्प्रदायों के मुस्लिम गुंडे-मवाली और तस्कर होते थे। उनमें से काफी सारे नये बने पाकिस्तान चले गए। ऐसे में करीम के लिए पूरी गोदी का इलाका खाली रह गया।

आजादी के बाद हिन्दू-मुसलमानों के बीच जारी तनाव और दंगों के चलते करीम ने सबके बीच सामंजस्य और सौहार्द स्थापित करने के इरादे से 'हिन्दुस्तान पख्तून जिरगा-ए-हिन्द' नामक संगठन बनाया। उसने सरहदी गांधी यानी खान अब्दुल गफ्फार खान, जो बाशा खान के नाम से भी पूरी दुनिया में मशहूर थे, की संस्था पख्तून जिरगा के साथ जोड़ लिया था।

'हिन्दुस्तान पख्तून जिरगा-ए-हिन्द' का पहला अध्यक्ष बादशाह खान बना था। पख्तून जिरगा के साथ काम करते हुए उसका पठानों में रुतबा हो गया, उसकी आवाज और पहचान पूरे देश में पहुँच गई, सारे देश में इस संस्था की शाखाएँ खुल गईं। करीम उनका एकच्छत्र नेता बन चला था।

वह दौर था, जब पठान समुदाय के लोग हर किस्म के अपराधों में शामिल हो चुके थे। उनके नाम भर से ही लोग डरते थे। तब पठानों पर निगरानी रखने के लिए एक खास शाखा बनाई जिसे—पी-ब्रांच—के नाम से पहचाना जाता था। पुलिस जब पठानों को किसी अपराध में गिरफ्तार कर लेती तो उन्हें छुड़ाने और बचाने के लिए करीम लाला ने काम शुरू कर दिया। इसके चलते करीम के पुलिस से भी अच्छे सम्बन्ध बन गए थे।

तब मोरारजी देसाई बांबे प्रोविंसनल गवर्नमेंट के प्रधानमंत्री होते थे। उन्होंने 1949 में यहाँ शराबबन्दी की घोषणा कर दी। शराब के बिना तो किसी गोदी और मिलों के इलाकों में काम चलता ही नहीं था। शराब के बिना तो मुम्बई भी कैसे जीती?

पुलिस की सख्ती हुई तो शराब के अड्डे मुम्बई पुलिस की हद के बाहर बनने लगे। चाइना क्रीक, बेलापुर, उरण, न्हावा गाँव के आसपास शराब की भट्टियाँ लगने लगीं। यहाँ चूँकि मुम्बई पुलिस नहीं आ सकती थी, ठाणे पुलिस के साथ उनका विवाद था, इसके चलते शराब खींचने वालों और तस्करों के लिए यह सुरक्षित इलाका था।

इसके अलावा ऐसे दूरदराज के गाँवों या समन्दर के करीब खाड़ियों में मेंग्रोव्स के जंगलों में शराब बनाने की अवैध भट्टियाँ लगती थीं। इसके चलते एक नया पुलिस-अपराधी गठबंधन शुरू हो गया। इस धन्धे में सैकड़ों लोग शराब बनाने का काम करने लगे। शराब तस्करी से सैकड़ों की रोजी-रोटी चलने लगी। शराब बिक्री अड्डों और उसके आसपास चखणे (खाने-पीने का सामान) बेचने से सैकड़ों लोगों का जीवन चलने लगा। एक नयी समानान्तर और काली अर्थव्यवस्था ने मुम्बई में जन्म ले लिया।

देसी शराब बनाना और उसकी तस्करी पहला संगठित क्षेत्र अपराध जगत

का बना था, जिससे मुम्बई और ठाणे पुलिस को बहुत मोटा हफ्ता मिलने लगा था। करीम लाला का पठान गिरोह इस क्षेत्र का सबसे बड़ा संगठित गिरोह बनकर उभरा था। शराब तस्करी और अड्डों को सुचारु रूप से चलवाने के लिए वो सबसे अधिक हफ्ता पुलिस को देता था।

उन दिनों मुम्बई पुलिस की अपराध शाखा के मातहत सीबी कंट्रोल ब्रांच थी। उसमें शानदार ऊपरी कमाई होती थी। उस दौर में हर पुलिस अफसर और कर्मचारी चाहता था कि इसी शाखा में उन्हें नियुक्ति मिले। जो पुलिसकर्मी करीम के खिलाफ काम करने की कोशिश करते थे, उनका तबादला करवाने का काम भी करीम ऊँची पहुँच से करवाता था। अपनी मर्जी के अफसरान की नियुक्ति भी इस शाखा में वह करवा लेता था। पुलिस वाले भी उससे डरने लगे कि करीम उनका बिगाड़ कर सकता है।

1960 के आसपास मुम्बई में छोटे-छोटे सोशल क्लब बनने शुरू हुए। कैरम और ताश खेलने के छोटे-छोटे अड्डे असल में मजदूरों के मनोरंजन और उन्हें एकत्रित रखने के लिए खोले जा रहे थे। करीम को इसमें कमाई का अच्छा मौका दिखाई दे गया। उसने वहीं जुए के अड्डे खुलवा दिए।

पुलिस के साथ बन चुके ताल्लुकात का फायदा उठाकर करीम ने जुए के अड्डों को पुलिस संरक्षण दिलवा दिया। उसके लगभग 150 ऐसे अड्डे चलते थे। तब अगर अड्डा मालिकों के पास हफ्ते के पैसे नहीं होते थे, तो करीम अपनी तरफ से पुलिस को हफ्ता भर देता था, बाद में उनसे ले लेता था। असल में एक साथ पुलिस को हफ्ता देना अड्डे वालों को भी सस्ता पड़ता था, उनका सिरदर्द भी कम हो जाता था।

1960 में मटका भी शुरू हो चुका था। उसे भी करीम ने ही सबसे पहले संरक्षण देना शुरू किया था।

शराब, जुआ और मटके अड्डों पर अपनी बादशाहत के चलते और पुलिस बल में अपनी शानदार पैठ के कारण उन दिनों ये आलम था कि करीम लाला एक तरह से मुम्बई अपराध जगत का सबसे संगठित गिरोह सरगना बनकर उभरा था।

वही दौर था जब मुम्बई के दूसरे इलाकों में भी छोटे-छोटे गुंडे और सरगनाओं ने सिर उठाना शुरू कर दिया था। 1965 के आते-आते वरदराजन मुदलियार माटुंगा-धारावी-सायन में उभर चुका था। घाटकोपर चेंबूर इलाके में बड़ा राजन, भांडुप-मुलुंड में खीम बहादुर थापा, अँधेरी-जोगेश्वरी इलाके में प्रकाश-प्रभाकर शेट्टी बन्धुओं (शरद शेट्टी के चचेरे भाई), मिल क्षेत्र में

गुरु साटम, बाब्या खोपड़े, पापा नायर जैसे सरगनाओं ने अपने-अपने गिरोह बना लिये थे, जिनके कोबरा गैंग, गोल्डन गैंग, डायमंड गैंग जैसे नाम थे।

70 के दशक तक ये भले ही अच्छी-खासी ऊँचाई पर पहुँच गए हों, उनका एकमात्र सरदार कोई था तो वो करीम लाला ही था।

जब भी किसी गिरोह में कोई परेशानी आती या विवाद होता, तो डोंगरी बाल सुधार गृह की दीवार के बाहर ही 'बड़े बाबा' के पास सुलझाने के लिए पहुँचते। वहाँ नारियल के रेशों से बुनी तीन चारपाइयों पर दरियाँ बिछाकर बैठक होती, सामने बनी छोटी सी होटल से चाय आती, वहीं हुक्के रखे जाते, इसी चौपाल पर बड़े से बड़े मसले बातचीत से हल हो जाते। किसी को आवाज ऊँची करने की जरूरत भी महसूस नहीं होती थी।

छोटे गिरोहबाजों की कमाई दुकानदारों-व्यापारियों से हफ्तावसूली और संरक्षण राशि की उगाही करने से ही होती थी। इसके ठीक उलट करीम लाला ने कभी किसी से हफ्तावसूली नहीं की। वह किसी को संरक्षण देने के नाम पर भी पैसे नहीं माँगता था। उनकी कमाई अपने ही कारोबारों से होती थी।

इसी दौरान करीम लाला के पास उसके काले कारनामों से जो रकम आती थी, उससे सम्पत्तियाँ खरीदनी शुरू कीं।

शत्रुघ्न सिन्हा और करीम लाला (तस्वीर साभार : बलजीत परमार)

करीम लाला (तस्वीर साभार : मुम्बई पुलिस)

70 के दशक में तस्करी का दौर शुरू हुआ था। देश में इलेक्ट्रॉनिक्स क्रान्ति आई थी। तब घड़ियाँ और ट्रांजिस्टर आने लगे। उसके बाद विदेशी कपड़े केटी और पुंगी आने लगे। इसकी लगभग तीन-चार सालों तक खूब तस्करी हुई। ऐसा कोई न था जो इस धन्धे में न कूद पड़ा हो। वरदा, यूसुफ पटेल, मस्तान ने इससे खूब कमाई की। इनके नीचे काम करने वाले डोसा बन्धु, परमेश्वर और विट्ठल, मेमन बन्धु, शब्बीर अली, बख्शीश सिंह उर्फ बख्शी सिंह, रॉबर्ट और बस्ताव बन्धु, जॉन दाढ़ी जैसे दूसरी पंक्ति में थे।

करीम लाला सीधे तौर पर तस्करी में शामिल न था। इन सभी को गोदी से सुरक्षित ठिकानों तक तस्करी का माल पहुँचाने के लिए करीम लाला संरक्षण देता था, बदले में उसके अच्छी रकम लेता था। अगर कोई माल लूट ले तो करीम वापस भी लाकर देता था।

उसके बाद शुरू हो गई सोने की तस्करी। उसमें सबने खासी कमाई की। यह काम 1977 तक जोरों से चला। उसमें मस्तान, वरदा, यूसुफ ने खासी कमाई की। इसमें भी करीम लाला के बन्दों की सुरक्षा का खासा इस्तेमाल होता रहा।

संगठित अपराधी गिरोह चलाने के बावजूद करीम लाला का नाम कभी खराब नहीं हुआ। वह कभी किसी को मारता न था। कभी किसी से हफ्तावसूली नहीं करता था। सबका ध्यान रखता था। किसी से बेमतलब ऊँची आवाज में नहीं बोलता था। सभी पुलिस अधिकारियों और राजनीतिकों से उसके गहरे ताल्लुकात रहे। कोई भी उसका काम करने से इनकार नहीं करता था।

करीम लाला को उसके राजनीतिक रसूख का सबसे बड़ा फायदा तो तब मिला जब इन्दिरा गांधी ने आपातकाल लगाया तो सभी छोटे-बड़े अपराधियों और सरगनाओं को जेल की सलाखों के पीछे भले ही पहुँचा दिया हो, करीम लाला की तरफ किसी ने आँख तक न उठाकर देखा।

सन् 1980 आते-आते तो शाबिर और दाऊद इब्राहिम भी काफी जबर हो गए थे। उनकी पठान गिरोह से दुश्मनी बढ़ने लगी, वे एक-दूसरे के दुश्मन बन गए। दोनों तरफ से लाशें गिरने लगीं।

पीर साहब ने, जो कि वायएमसीए के करीब बनी दरगाह पर रहते थे, 1988 में दाऊद-अनीस-नूरा इब्राहिम और करीम लाला-रहमान खान-शहजाद खान को मक्का में हुई एक बैठक में सुलह करवाई। उसके बाद ही बदले का ये दावानल ठंडा पड़ा। बाद में दोनों परिवारों के बीच रोटी-बेटी का रिश्ता भी हो चला। इकबाल कासकर की पत्नी भी पठान कम्पनी के एक घर से आती है। आज तो दोनों के परिवारों का एक-दूसरे के घरों में आना-जाना भी बना हुआ है।

19 फरवरी, 2002 को सेवानिवृत्त और शान्त जिन्दगी जीते हुए करीम लाला की दिल का दौरा पड़ने से मुम्बई में ही मौत हुई। उसके जनाजे में हजारों की संख्या में लोग पहुँचे थे। नारियलवाड़ी कब्रिस्तान में उसका जनाजा जब पहुँचा, तो पहले ही हजारों लोग वहाँ पहुँचे हुए थे। न जाने कितनों की आँखें उस दिन नम थीं।

ये तमाम लोग एक डॉन को नहीं, एक दरियादिल इनसान को अन्तिम बिदाई देने आए थे, जिसने जिन्दगी के किसी न किसी मोड़ पर उनका कुछ न कुछ भला ही किया था। उसे सारी जिन्दगी लोग ही नहीं पुलिस भी 'जेंटल डॉन' के रूप में पहचानते रहे।

किस्सा-ए-करीम

हेलन ने हिला डाला

हेलन का पति था पीएन अरोरा। पति-पत्नी के बीच मनमुटाव हो गए थे। इनका झगड़ा उन दिनों सबकी जुबान पर था। एक दिन हेलन के तमाम पैसे और गहने लेकर पीएन अरोरा गायब हो गया। उस जमाने में भी ये जेवरात कम से कम दो या तीन लाख रुपयों के होंगे।

परेशानहाल हेलन रोती-कलपती दिलीप कुमार के पास मदद की आस में पहुँची। उन्होंने कह दिया कि इस मामले में करीम लाला ही मदद कर सकते हैं। करीम लाला को फोन लगाने की उन्होंने बहुतेरी कोशिश की लेकिन बात न हो सकी तो एक चिट्ठी लिखी, जिसमें कहा कि हेलन एक अच्छी अदाकारा हैं, उनकी मदद करें।

करीम लाला
(तस्वीर साभार : मुम्बई पुलिस)

हेलन खत लेकर जब करीम लाला के पास पहुँची तो उन्होंने पूरी बात सुनी। उसे रोने से मना किया और काम होने का दिलासा देकर घर भेज दिया। हेलन घर लौट गई।

कुछ ही घंटों बाद हेलन के घर की चौखट पर पीएन अरोरा हाजिर थे। उन्होंने तमाम रकम और जेवरात वापस किए, उससे माफी माँगी और चुपचाप रुखसत हुए। उसके बाद कभी पलटकर हेलन के घर की ओर निगाह तक न डाली।

हेलन इस बात से खूब खुश हुई। वह समझ गई कि यह काम करीम लाला के सिवाय किसी और का हो ही नहीं सकता है। हेलन चाहती थी कि करीम लाला का किसी तरह शुक्रिया अदा करे।

एक दिन हॉलीडे-इन में एक फिल्मी पार्टी में करीम लाला भी पहुँचा था। हेलन को पता चला कि करीम लाला वहाँ आए हैं तो वह वाकई दौड़ती हुई

उसके पास पहुँची। करीम को सीधे बाँहों में भरकर चूम लिया। करीम लाला की हालत देखने लायक थी। जिस इनसान ने कभी किसी औरत को तिरछी निगाहों से न देखा हो, उसे एक औरत इस तरह सबके बीच चूम रही थी, यह उसके लिए बड़ा मुश्किल वक्त बन चला था।

करीम लाला ने हेलन से पूछा कि वह कौन है तो हेलन घबरा गई। उसने बताया कि किस तरह उनके पास दिलीप कुमार का खत लेकर आई थी। उसकी कैसे करीम लाला ने मदद की थी।

करीम के पाँव छूने वाला इंस्पेक्टर

करीम लाला को बड़ा बुरा लगता था कि पुलिस वाले वर्दी में उसके इलाके में आएँ। उसे पसन्द न था कि कोई अपराधी उसके इलाके में रहे। उसे बड़ी बेइज्जती महसूस होती थी पुलिस वाले उसके इलाके में आते हैं। वो कहता था कि आप लोग मेरे इलाके में वर्दी पहनकर न आया करें, कोई बदमाश चाहिए तो बता दें, पकड़कर उनके सुपुर्द कर दूँगा। करीम लाला ऐसा ही करता भी था। कई मौकों पर ऐसा हुआ कि करीम लाला ने शातिर अपराधी पकड़कर पुलिस अधिकारियों को सौंपे थे।

करीम को पसन्द न था कि कोई पठान गलत काम करे। वो कहता था कि पठानों का नाम ऐसे लोग खराब करते हैं, पुलिस के पास चार डंडे खाकर वो सुधर जाएँगे। इतना ही नहीं, बाद में वह खुद अपने ही पकड़वाए अपराधियों को जमानत पर छुड़ाकर वापस लाता था।

उन दिनों एक नया सब-इंस्पेक्टर इलाके में तैनात हुआ, जो बड़ा जिद्दी था। करीम लाला के बारे में यह इंस्पेक्टर कुछ खास नहीं जानता था। वह वर्दी में बाइक लेकर एक दिन करीम लाला के ठिकाने जा पहुँचा।

करीम ने उसे देखा तो कहा कि आपको पहली बार यहाँ देखा है, आइए बैठिए, चाय पीजिए। बताइए कैसे आना हुआ आपका हमारे इलाके में?

इंस्पेक्टर ने कहा कि एक आरोपी को देखा था, उसका पीछा करते हुए ही यहाँ तक आ गया हूँ।

इस पर करीम लाला ने उसे कहा कि उसका नाम बता दें, फोटो हो तो दें, आपका नाम बता दें, हम उसे हाजिर करवा देंगे।

इंस्पेक्टर ने कहा कि मैं उसे लेकर ही जाऊँगा। इतनी देर में ही इंस्पेक्टर को वही आरोपी एक गली के मोड़ पर दिख गया।

इंस्पेक्टर को देखकर वो अपराधी भागा, इंस्पेक्टर भी उसके पीछे दौड़ा, करीम गुस्से में खड़ा हो गया। बदमाश तीन मंजिला इमारत की छत पर चला गया, वहाँ से इंस्पेक्टर से बचने के लिए छलाँग लगा दी। इंस्पेक्टर भी कूदा लेकिन गली में गिरने लगा। करीम ने यह देखा तो दौड़ा और ऊपर से गिरते इंस्पेक्टर को अपने हाथों में झेल लिया। इसके कारण करीम भी गिर पड़ा। करीम भले ही तगड़ा था, फिर भी उसे काफी झटका लगा। इंस्पेक्टर को एक खरोंच तक न आई।

इसके बाद करीम लाला की इज्जत पूरे पुलिस महकमे में बन गई। वह इंस्पेक्टर तो करीम का भक्त ही बन गया। जब भी उनके पास आता था तो उनके पाँव छूता था। करीम उसकी शादी में शरीक हुआ था।

इंस्पेक्टर को झापड़

पुलिस वालों के साथ करीम लाला का एक और किस्सा है। शमशेर खान पठान उन दिनों नया-नया सब-इंस्पेक्टर बना था। उसकी नियुक्ति डोंगरी थाने में हुई थी। वह भी वर्दी में डोंगरी स्थित करीम के दफ्तर तक रुआब झाड़ने जा पहुँचा।

शमशेर ने करीम से कुछ बदतमीजी से बात की तो वह गुस्से में आगबबूला हो गया। करीम को बेटा कहने की आदत थी। उसने कहा, "बेटा तू बड़ा तकदीर वाला है कि वर्दी में खड़ा है मेरे सामने...हम वर्दी की बड़ा इज्जत करता है...नहीं तो कभी का एक थप्पड़ तुम्हारे मुँह पर पड़ता।"

यह सुनकर शमशेर ने कहा, "डॉन तो रहा नहीं...फिर भी अकड़ नहीं गई...रस्सी जल गई...ऐंठन नहीं गई...मैं कल बिना वर्दी के आता हूँ...फिर देखता हूँ कि तुम मेरा क्या करते हो?"

अगले दिन वाकई शमशेर बिना वर्दी के करीम के दफ्तर में जा पहुँचा। करीम ने उसकी जुर्रत देखी तो पहले दाएँ हाथ से एक तमाचा बाएँ गाल पर जड़ा, फिर बाएँ हाथ से एक तमाचा दाएँ गाल पर रसीद कर दिया।

अब करीम दहाड़कर बोला, "पहला थप्पड़ इसलिए मारा क्योंकि तुम वर्दी में मेरे इलाके में आकर बदतमीजी की...दूसरा इसलिए मारा कि तुम मेरे मना करने के बावजूद फिर आज आ गए...मैंने 20-25 सालों के बाद किसी को एक थप्पड़ मारा है...सोचो तुमने मुझे कितना दुख पहुँचाया होगा।"

नाराज शमशेर ने इलाकाई डीसीपी से इसकी शिकायत की लेकिन करीम

उसके पहले ही उनके पास जा पहुँचा। करीम ने डीसीपी को बताया कि शमशेर ने क्या बदतमीजी की थी।

डीसीपी ने करीम से कहा, ''आप जाएँ, मैं शमशेर पठान को समझा लूँगा।''

करीम वापस चला गया। बाद में शमशेर ने करीम के पास जाकर माफी भी माँगी थी।

जेल के पीछे, बत्ती के नीचे, करीम लाला, बम्बई

एक पठान करीम से मिलने के लिए पेशावर से आया। वह कुछ दिनों तक बम्बई में रुका। उसने करीम की मेजबानी में कुछ वक्त बिताया। वह करीम लाला से बड़ा प्रभावित हुआ।

वह बम्बई से वापस तो चला गया लेकिन करीम लाला को कभी भूल नहीं पाया। कुछ दिनों के बाद उसने पेशावर से एक खत करीम लाला को लिखा।

खत पर जो पता लिखा था, वो कुछ इस तरह था—जेल के पीछे, बत्ती के नीचे, करीम लाला, बम्बई।

यह खत उर्दू में लिखा हुआ था। यह खत फिर भी करीम लाला तक पहुँच गया। न कोई सही पता, न कोई पिन कोड, न किसी इमारत का नाम, न किसी गली या सड़क का नाम। उतना होने पर भी खत आराम से करीम लाला के पास जा पहुँचा था।

कैसे भला?

करीम लाला का नाम ही काफी था उन दिनों।

सीमान्त गांधी का इलाज—इन्दिरा के साथ फोटो

खान अब्दुल गफ्फार खान, जो बाशा खान या सीमान्त गांधी के नाम से पूरी दुनिया में मशहूर हैं, मई 1987 में बुरी तरह बीमार पड़े। उन्हें पेशावर के लेडी रीडिंग अस्पताल में इलाज के लिए भर्ती किया।

वहाँ इलाज का असर न दिखने पर भारत सरकार के निमंत्रण पर जून माह में भारत पहुँचे। मुम्बई में जब वे जहाज से उतरे तो उनके हाथों में लगभग दो किलो वजन की कपड़े की छोटी सी पोटली थी। उसमें उनके कपड़े थे। अफगानिस्तान के राजदूत ने जब उनके हाथों से पोटली लेनी चाही तो भी

इन्दिरा गांधी के साथ करीम लाला (तस्वीर साभार : बलजीत परमार)

बीमार बाशा खान ने कहा कि वे अपना बोझ खुद उठा सकते हैं...और पोटली उसे नहीं दी।

मुम्बई में उन्हें लेने करीम लाला अपने सहयोगियों समेत पहुँचा था। उसके साथ बाशा खान मुम्बई के जसलोक अस्पताल पहुँचे।

जब इन्दिरा गांधी बाशा खान से मिलने मुम्बई पहुँचीं, तो करीम लाला ही उन्हें लेने हवाई अड्डे पर पहुँचा था।

4 जून को बाशा खान को दिल्ली के एम्स अस्पताल में भेजा गया, जहाँ उनका 16 अगस्त तक इलाज चला। इलाज के दौरान दिल्ली में करीम लाला

लगातार बाशा खान के पास आता-जाता रहा। करीम लाला उनके पास कई-कई दिनों तक रहता भी था।

इसी दौरान फिल्म अभिनेता डॉ. हरेन्द्रनाथ चट्टोपाध्याय को पद्मविभूषण से दिल्ली में सम्मानित किया गया तो अपने करीबी दोस्त करीम लाला को उन्होंने ही दिल्ली बुलाया। इसकी दावत एक पाँचतारा होटल में थी, वहीं इन्दिरा गांधी के साथ करीम लाला की एक फोटो भी खींची गई थी।

इलाज के दौरान ही बाशा खान को भारतरत्न से नवाजा गया। उन्हें वापस पाकिस्तान के शहर पेशावर ले जाकर फिर से लेडी रीडिंग अस्पताल में भर्ती किया, जहाँ 20 जनवरी, 1988 तक वे नीमबेहोशी की हालत में रहे और तड़के 6.35 मिनट पर आखिरी साँस ली।

कहते हैं कि उस दिन करीम लाला जैसे दीदादिलावर की आँखें भी नम हो गई थीं।

वेश्या की लाज

कमाठीपुरा इलाका चकलों और वेश्यावृत्ति के चलते सदा बदनाम रहा है, उन दिनों भी था जब करीम लाला की शहर में तूती बोलती थी। उन दिनों गंगूबाई एक चकला मालकिन थी। उसके कई कोठे थे। महज पाँच फुट कद की गंगूबाई सफेद साड़ी पहने रहती थी। उसके पास तब कार भी थी।

वह तो एकमात्र ऐसी वेश्या बन चुकी है जो देश के तत्कालीन प्रधानमंत्री जवाहरलाल नेहरू के घर में बाकायदा आमंत्रित भी की गई थी। उसके प्रयासों के चलते ही वेश्याओं को कमाठीपुरा से विस्थापित करवाने का प्रयास असफल हो गया था।

यह उन दिनों की बात है, जब गंगूबाई की उम्र 28 या 30 साल रही होगी। वो शीला बाई के कोठे में थी। गंगूबाई का नाम दूर-दूर तक फैल चुका था।

एक पठान गंगूबाई को खोजता कोठे पहुँचा। तकरीबन साढ़े छह फुट का, डेढ़ सौ किलो से अधिक वजनी, बलिष्ठ और कद्दावर पठान को देख चकला मालकिन शीला भी काँप गई। पठान को रोकना चाहा तो एक ही घुड़की में उसकी घिग्घी बँध गई।

पठान ने गंगूबाई के साथ बहुत बुरा सलूक किया। सेवाओं के बदले एक पैसा न दिया। गंगूबाई को इस बलात्कार ने हिलाकर रख दिया। पूरे जिस्म को पठान इतना घायल कर गया कि कई दिनों तक धन्धे पर न जा सकी।

महीने भर बाद नशे में धुत्त पठान वापस आया और इस बार भी उसने गंगू पर वहशियाना जुल्म किए। पठान ने गंगू का शरीर बुरी तरह रौंद डाला। गंगू का कई दिनों तक अस्पताल में इलाज चला, हफ्तों कमरे में पड़ी उस पठान को कोसती और जख्मों में टीस के कारण कराहती रही।

गंगूबाई ने पता किया कि यह पठान कौन है? एक मुखबिर ने बताया कि वह करीम लाला गिरोह से जुड़ा शौकत खान है। गंगूबाई को पता था कि करीम लाला औरतों की बड़ी इज्जत करता है।

एक बार जुमे की नमाज कर करीम लाला लेमिंगटन रोड स्थित ताहिर मंजिल स्थित अपने घर पैदल जा रहा था कि बैदा गली के बाहर खड़ी गंगूबाई ने उसके सामने मदद की गुहार लगाई। करीम लाला ने उसे देखा तो समझ गया कि वह एक वेश्या है। करीम लाला को उससे बात करने में परेशानी हो रही थी क्योंकि वह किसी घरेलू औरत से नजर तक नहीं मिलाता था, वह तो एक वेश्या थी।

पूछने पर गंगूबाई ने बताया कि एक आदमी उसे बेहद तंग कर रहा है और उसी के सिलसिले में मदद की दरकार है।

करीम लाला ने उसे कहा कि घर आए, वहीं बात करेगा, सड़क पर ऐसी बातें नहीं होतीं।

करीम लाला पैदल घर पहुँचा, उसके पीछे गंगूबाई भी पहुँची। करीम लाला ने अपने लोगों से कहा कि एक वेश्या का घर में आना ठीक नहीं, उसे छत पर ले जाएँ। उसके लिए चाय-नाश्ता ऊपर ही भेजा गया, जिसे गंगू ने हाथ तक न लगाया।

करीम लाला के पूछने पर गंगू ने बताया कि एक बुरी औरत को आप घर नहीं लाना चाहते, ऐसे में रसोई के बरतन कैसे खराब करेगी।

करीम लाला को गंगू ने बताया कि उसके गिरोह का एक बन्दा उसकी अस्मत लूटता है। उसके साथ वहशियाना सलूक करता है। वह वेश्या जरूर है लेकिन उसे अपने साथ ऐसा बरताव पसन्द नहीं है। गंगूबाई ने कहा कि अगर करीम लाला इस दरिन्दे से उसे निजात दिला देंगे तो आजीवन रखैल बनकर रहेगी। यह सुनकर करीम लाला शर्म से पानी-पानी हो गया।

करीम ने गंगूबाई को समझाया कि वह बेगैरत इनसान नहीं है। उससे ऐसी बातें न करे। उसे बदमाश आदमी का नाम बताए।

गंगूबाई ने शौकत खान का नाम बताया तो करीम लाला ने अनभिज्ञता जताई कि ऐसा कोई बन्दा उसके पास है।

गंगूबाई ने जब जिस्म पर पड़े निशान दिखाए तो करीम लाला की आँखें

गुस्से से लाल हो गईं। उसने कहा कि जब अगली बार शौकत आए तो तुरन्त सूचना भेजे। जब तक करीम लाला वहाँ न पहुँचे, तब तक किसी तरह उसे रोके रखे। वह बाद में सारा इन्तजाम कर देगा।

इस पर गंगू ने एक धागा निकालकर करीम लाला की कलाई पर बाँधते हुए कहा कि आज उसे किसी ने बरसों बाद फिर इनसानियत पर भरोसा दिलाया है, क्या करीम लाला उसके भाई बनेंगे?

करीम लाला त्रिया चरित्र अच्छे से समझता था लेकिन उसने राखी बँधवाकर गंगूबाई को बहन बना लिया। करीम लाला ने शीला के चकले के बाहर अपना एक आदमी तैनात कर दिया ताकि शौकत के आते ही सूचना पहुँचे।

तीन हफ्ते बाद शौकत आया तो गंगू ने एक लड़की के जरिये करीम के बन्दे को खबर भेजी। वह तुरन्त साइकिल से करीम लाला के पास पहुँचा। गंगू ने शौकत को रोकने के लिए उससे अच्छा बरताव किया।

दस मिनट में करीम लाला वहाँ आ पहुँचा। दरवाजा खोलने के लिए कहा तो शौकत बुरी तरह गुस्से में भर गया। उसने गुस्से में गंगू को जोरदार तमाचा मारा और दरवाजा खोला तो गुस्से में तमतमाया करीम लाला बाहर खड़ा था। शौकत की हालत खराब हो गई। करीम लाला के साथ दो पठान हॉकी के साथ थे।

उन सबको देखकर शौकत ने पायजामा पहनकर भागना चाहा लेकिन करीम लाला ने चकले से खींचकर बाहर निकाला और ऐसी धुनाई की कि सारा कमाठीपुरा काँप गया।

शौकत ने पख्तूनी भाषा में कहा कि एक वेश्या के लिए करीम लाला एक पठान भाई पर हाथ उठा रहा है।

करीम लाला ने गुस्से में कहा कि पठान ऐसे नहीं होते। तुम खुद को पठान मत कहो।

बेतरह पीटने के बाद करीम लाला ने शौकत से कहा कि गंगूबाई उसकी राखी बहन है, फिर किसी ने उसके साथ बुरा बरताव किया तो उसकी मौत तय है।

इसके बाद तो आलम ये हो गया कि गुंडे–मवाली ही नहीं पुलिस वाले भी गंगू के आसपास नहीं फटकते थे।

शिमला हाउस की मदाम

वह बेहद खूबसूरत बला थी...शिमला हाउस पर बड़ा ही ऊँचे दर्जे का कोठा चलाती थी...लेकिन बड़ी नजाकत और नफासत से...वह एक जमाने में करीम

लाला पर दिल रखती थी...मिलने की काफी कोशिश की थी...कई बार करीम लाला से सम्बन्ध जोड़ने की कोशिश करती रही थी...उस औरत ने किसी के घर पर कब्जा कर रखा था...वह मकान मालिक करीम लाला से परिचित था... उसने जाकर करीम लाला से मदद की गुहार लगाई तो करीम लाला ने इनकार कर दिया कि ऐसे मसलों में वह नहीं पड़ता है।

वह मकान मालिक तो बेतहाशा परेशान हो चुका था। एक दिन उसने इस औरत को धमका दिया कि अगर मकान खाली नहीं किया तो करीम लाला को बोलकर उसे ठीक कर देगा।

बस, इस औरत को अब तो मौका मिल गया। उसने पुलिस में करीम लाला के नाम से न केवल धमकाने बल्कि थप्पड़ मारने की शिकायत कर दी। पुलिस ने मामला अदालत तक पहुँचा दिया।

गिरगाँव अदालत में जज के सामने करीम लाला पेश हुआ तो उस जज ने जो कभी करीम लाला के लिए वकालत कर चुका था, तुरन्त पहचान गया। उसे करीम लाला के बारे में सब पता था।

जज ने करीम लाला से नियमों के मुताबिक नाम पूछा तो करीम लाला ने अपने पास खड़े साथी बहादुर खान से कहा, ''ये कहाँ ले आए तुम लोग मुझे...ये बन्दा मुझसे नाम पूछ रहा है...मुझे नहीं जानता ये?''

इस पर बहादुर खान ने करीम लाला के कान में धीरे से कहा, ''आप अदालत में खड़े हैं...और जज साहब रूबरू हैं।''

करीम लाला ने अब शराफत से नाम-पता-उम्र सब बताए।

जज ने कहा कि उन पर सामने बैठी औरत ने मारपीट और धमकाने का आरोप लगाया है।

करीम ने कहा, ''साहब मैं तो इस औरत को जानता तक नहीं हूँ...मैंने इसे कभी नहीं देखा है...मैं इसे थप्पड़ कैसे मार सकता हूँ...मैंने तो आज तक किसी औरत को आँख उठाकर नहीं देखा है, तो इस औरत को थप्पड़ कैसे मार सकता हूँ...हम पठान है...औरत का इज्जत बहुत करता है...उससे मारपीट नहीं करता है...हम तो अपना औरत को छोड़कर किसी को नहीं पहचानता है।''

जज ने यह सुना तो करीम लाला को तुरन्त दो हजार रुपए की जमानत दे दी और कुछ अर्से बाद ही मामला फर्जी पाकर खारिज कर दिया। करीम पर झूठा मुकदमा कायम करने पर उस औरत के खिलाफ मुकदमा कायम हुआ।

तबेले में आग

नागपाड़ा थाने के पास जमीन का एक टुकड़ा था। उस पर आज केडी टॉवर खड़ा है। वह यूसुफ पटेल का पहला प्रोजेक्ट था। वहाँ पर पहले बग्घियों और विक्टोरिया वाले अपने घोड़े बाँधते थे, अपने वाहन रखते थे, खुद सुस्ताते और खाना-दाना करते थे। उसके मालिक से यूसुफ पटेल ने ये जमीन खरीद ली। उसे यहाँ इमारत बनानी थी।

तबेले वाले वह जगह खाली करने के लिए तैयार न थे। कहीं और उन्हें ऐसी अच्छी जगह नहीं मिलती। एक रात कुछ लोग वहाँ पहुँचे और तबेले में आग लगा दी। तबेले में घोड़ों को खिलाने के लिए सूखी घास के ढेर भरे थे, वो धू-धू कर चल उठे। कमजोर रस्सियों से बँधे जो घोड़े थे, वे तो रस्सियाँ तोड़कर भाग निकले लेकिन दर्जनों मारे गए। सारे घोड़े वाले भी भाग निकले लेकिन उनकी हालत खराब हो गई।

किसी मुखबिर ने नागपाड़ा थाने में खबर कर दी कि आग करीम लाला ने लगवाई है। पुलिस ने करीम लाला को गिरफ्तार कर अदालत में पेश कर दिया।

करीम लाला ने जज से कहा कि उसने तो कभी अपने दुश्मन तक को नहीं मारा तो इन बेजुबान जानवरों को कैसे मारेगा...और ऊपर से जलाने की हरकत तो वह कर ही नहीं सकता है...उसे 24 घंटे का समय दें तो असली गुनहगारों को अदालत में पेश कर देगा।

जज ने करीम लाला की एक न सुनी। करीम लाला को दो दिनों की पुलिस हिरासत दे दी। नागपाड़ा थाने में उसे एक रात काटनी पड़ी।

अगली पेशी के दिन पुलिस अदालत में करीम लाला को लेकर पहुँची। उनके पहुँचने के पहले ही सात लोगों को लेकर करीम लाला के बन्दे वहाँ हाजिर हो गए। करीम लाला ने भरी अदालत में जज को बताया कि ये यूसुफ लाला के लोग हैं। आग इन्होंने ही लगाई है।

जज ने पुलिस को आदेश दिया कि सबको गिरफ्तार कर जाँच करें। अदालत ने करीम लाला को उसी समय जमानत पर रिहा कर दिया।

गरीबों का मसीहा वरदा भाई

वरदराजन मुन्नास्वामी मुदलियार उर्फ वरदा भाई

वरदराजन मुदलियार उर्फ वरदा भाई
(तस्वीर साभार : मुम्बई पुलिस)

सन् 1974 में अपराध जगत के बड़े सरगना वरदराजन मुदलियार उर्फ वरदा भाई अपराध जगत का बड़ा नाम बना था। मुम्बई में उन दिनों संगठित गिरोहों की शुरुआत हो चुकी थी और इस पर दो दशकों तक (1960 से 80 तक) राज करने वाला कोई और नहीं बल्कि वरदराजन था। वरदराजन का जन्म तमिलनाडु के तूतीकोरिन में 1926 में हुआ था।

वरदा सत्तर के दशक में गाँव सलेम, तमिलनाडु से मुम्बई आया था। वरदा ने वीटी रेलवे स्टेशन के बाहर बूट पॉलिश कर जिन्दगी की

शुरुआत की। कुछ ही समय में उसने पॉलिश करने वाले कुछ लड़कों का एक गिरोह बनाया। वह काफी समझदार तो था ही, अपने लोगों के बीच एक दयालु और अच्छे नायक के रूप में छवि बन चली थी, और दबदबा भी कायम होने लगा।

वरदा के वक्त में ही करीम लाला और हाजी मस्तान भी सक्रिय थे लेकिन तीनों में वरदा गरीबों का मसीहा कहलाता था। उसकी अलग ही पहचान बन चुकी थी। वह धारावी में रहता था लेकिन आसपास के तमाम इलाकों में उसकी बादशाहत का ये आलम था कि तमाम चोर-उचक्कों में उसकी दहशत थी, आम इनसान ही नहीं बल्कि पुलिस वाले भी कई बार उससे मदद माँगने आते थे।

गोदी में वरदा

इसके बाद वरदा गोदी की तरफ मुड़ा। जहाजों से उतरे माल की चोरी और हेराफेरी, कस्टम से बचने के लिए तथा बीमा वसूलने के लिए माल गायब कर गोदामों तक पहुँचाने के अलावा तस्करी के माल की उतराई वरदा ने सीख ली। धीरे-धीरे वरदा ने गोदी में पाँव फैलाया। चन्द सालों में वरदा गोदी में छा गया। माल एक नंबरी या दो नम्बरी, किसी गोदी में वरदा के बिना नहीं उतर सकता था।

तस्करी में पहले से दो गिरोह थे, वे भी वरदा की मदद से काम करने लगे। इनमें हाजी मस्तान भी था। मस्तान ने 70 के दशक तक तो मुम्बई अपराध जगत में तस्करी का बड़ा और एकच्छत्र साम्राज्य स्थापित कर लिया था। ऐसे में उसे किसी ऐसे बन्दे की जरूरत थी जो उसका माल सुरक्षित गोदामों तक पहुँचाए। मस्तान से वरदा ने हाथ मिलाया और उनका काम खूब चल निकला।

अवैध धन्धों की दुनिया में वरदा और मस्तान पूरी तरह छा गए। वरदा ने मस्तान से हाथ मिलाकर आमदनी तो बढ़ाई ही, तस्करी, जिस्मफरोशी, सायन-कोलीवाड़ा-धारावी में झोंपड़पट्टियों के लिए जमीन पर अवैध कब्जे, ठेके पर हत्याएँ जैसे धन्धे भी शुरू किए। झोंपड़पट्टियों में छोटे-बड़े गुंडों ने आकर पनाह ली तो वरदा की शरण में आ गए। इस तरह वरदा का गिरोह बन चला। गुर्गों ने वरदा के नेतृत्व में अवैध शराब का कारोबार भी संगठित रूप से चलाया। इससे वरदा का प्रभाव क्षेत्र भी बढ़ा। अपराध जगत में वरदा ने बड़ी रफ्तार से तरक्की की। अपराध जगत के बड़े हिस्से पर वरदा की बादशाहत कायम हो गई। उसके सिपहसालार जरायम की दुनिया में छा गए।

वरदा वो गिरोह सरगना था, जिसकी टाँग हर उस धन्धे में अड़ी होती थी, जो कि जरायम से जुड़ा होता था। चाहे वह सुपारी हत्या हो, संरक्षण, हफ्तावसूली, अवैध शराब का निर्माण और वितरण, वेश्यावृत्ति, मांडवली, बिजली-पानी की चोरी और उनकी ऊँचे दामों पर बिक्री, जमीनों पर अवैध कब्जा, झोंपड़पट्टी बनाना जैसे तमाम काले कारोबार उसकी मर्जी से ही होते थे।

वरदा की महिला गैंग

नशे की तस्करी पर भी एक तरह से उसका ही साम्राज्य था। उसने इस कारोबार में औरतों को खासा इस्तेमाल किया था। ये औरतें ही नशा तस्करी और बिक्री का काम गलियों और नुक्कड़ों पर करती थीं।

बलात्कार से वरदा को गहरी नफरत थी। उन दिनों एंटाप हिल में तीन-चार बलात्कार हो गए थे। वरदा को जब ये पता चला तो उसे बड़ी कोफ्त हुई। उसे लगा कि लोग अपनी वासना शान्त करने के लिए भली औरतों और लड़कियों को निशाना बना रहे हैं। उनकी कामपिपासा शान्त कैसे हो और आसपास के इलाके में शान्ति कैसे बनी रहे, ये बात उसके दिमाग में घूमने लगी। उसके वेश्यावृत्ति के अड्डों पर लड़कियाँ बेहद सस्ती कीमत पर उपलब्ध होती थीं। तब अगर शुक्लाजी स्ट्रीट और कमाठीपुरा में अगर कोई वेश्या पाँच रुपए में मिलती थी तो वरदराज नगर में उसके बनाए इन गर्म गोश्त के अड्डों पर दो रुपए में कमसिन जिस्म मिलते थे।

वरदा का कहना था कि गरीब लोग एक रुपया खर्च कर बस या ट्रेन से कमाठीपुरा या शुक्लाजी स्ट्रीट जाएँ और वहाँ पाँच रुपए में लड़की लें, उससे तो अच्छा है कि उनके लिए उनके घरों के पास में ही सस्ते में अड्डे बन जाएँ। उनके पैसे बचेंगे और वे अधिक धन अपने गाँव में परिवारों को भेज सकेंगे। उसने जिस्मफरोशी के लिए कुछ हिजड़ों के भी अड्डे अपने ही आसपास के इलाकों में तैयार करवा दिए थे। उसे पता था कि समलैंगिक समुदाय भी जिस्मानी भूख मिटाने के लिए पनाहगाह खोजते हैं।

मुम्बई के आपराधिक इतिहास का वरदा वह सरगना है, जिसने अपराधों के लिए भीड़तंत्र का इस्तेमाल सबसे पहले शुरू किया था। जब भी वह कोई बड़ा काम करना चाहता था तो ढेरों औरतें, बच्चे और बुजुर्ग उसके लिए सड़क पर निकल आते थे। उनके चलते पुलिस की भी हिम्मत नहीं होती थी कि वरदा के कामकाज के खिलाफ कुछ कर सके। जब कभी पुलिस उसके अड्डों पर

छापा मारने जाती थी तो वरदा का यही भीड़तंत्र पुलिस कार्रवाई की हवा निकाल देता था।

आंटियों के अड्डे

अवैध कारोबार हमेशा मर्दों का ही काम माना जाता था, लेकिन वरदा ही वह सरगना था जिसने यह मिथ भी तोड़ा था। उसने तमाम अवैध और काले धन्धों में औरतों को शामिल किया था। जब शराब बन्दी लागू थी, लोग शराब की एक-एक बूँद के लिए तरस जाते थे। ऐसे में खार और सान्ताक्रूज के इर्द-गिर्द आंटियों के अड्डों पर शराब के शौकीन जाते थे।

आंटियों के ये अड्डे उनके घरों में ही चलते थे। वहाँ घर में ही बैठकर शराब पी या खरीदी जाती थी। पुलिस का छापा पड़ भी जाता था तो कहा जाता था कि ये तो मेहमान हैं। घरों में अमरूद और काजू की शराब होती थी। आंटियाँ कहती थीं कि ये शराब उनके घरों में ही बनती है और उनकी जाति में ये आम है।

वरदा ने यह परम्परा ध्यान में रखते हुए अवैध शराब बेचने वाली औरतों की एक सेना ही खड़ी कर दी थी। मद्रास में ये परम्परा थी कि औरतें अवैध शराब का कारोबार करती थीं, वही तरीका वरदा ने मुम्बई में भी आजमाया। धारावी, सायन, वरदाराज नगर, मक्कावाड़ी में तमिलभाषी लोग ही अधिक रहते थे। वहाँ पर औरतों को इस कारोबार में सबसे अधिक काम पर वरदा ने उतारा था। इसी तरह चरस, गाँजा समेत कई और किस्म के नशे का कारोबार भी औरतों से ही करवाना शुरू किया था।

उन दिनों पुलिस थानों में महिला पुलिसकर्मी नहीं होती थीं। पुरुष पुलिसकर्मी जब ऐसी महिलाओं को गिरफ्तार करने जाते थे, उन महिला अपराधियों के हाथों की काँच की चूड़ियाँ टूटकर उनके ही हाथ जख्मी कर जाती थीं, थाने से जब उन्हें अदालत पहुँचाते थे, तब तक वह महिला अपराधी खून आलूदा हाथों के साथ ही जिस्म के कुछ कपड़े भी फाड़ लेती थी। इसके कारण अदालत में महिला तो छूट जाती थी, पुलिसकर्मी पर मामला बन जाता था।

औरतें पुलिस वालों को अड्डों के अन्दर जाने नहीं देती थीं। जब तक पुलिस इन 100 या 200 महिलाओं की फौज से जूझकर अन्दर तक पहुँचती थी, तब तक तो असली अपराधी गलियों में छुपता-छुपाता कहीं का कहीं निकल जाता था। पुलिस खाली हाथ लौटती थी।

वरदा के लिफाफे

वरदा पुलिसवालों में भी काफी लोकप्रिय था। मध्य मुम्बई क्षेत्र में हर थाने के हर कर्मचारी और अफसर का अलग-अलग हफ्ता जाता था। माटुंगा थाना, शैतान चौकी पुलिस थाना, भोईवाड़ा, आरएके मार्ग थाने में 1,500 पुलिसकर्मी होते थे। सबके नाम से हर महीने एक लिफाफा जाता था। पैसे भी वो भरपूर बाँटता था। इसके अलावा अपराध शाखा समेत कई अन्य विभागों और आबकारी विभाग को भी हफ्ता जाता था। कुल 2,500 अफसरान और कर्मचारियों को उसके पास से हर महीने हफ्ता जाता था।

वरदा की अदालत

वरदराजन उस समय मुम्बई में समानान्तर अदालत चलाता था। उसके दरबार में आने पर कोई खाली हाथ नहीं जाता था। कहा जाता है कि वह किसी के साथ नाइंसाफी नहीं होने देता था। अगर कोई अमीर किसी गरीब के साथ ज्यादती कर दे तो उस अमीर की तो शामत ही आ जाती थी। लेकिन कोई गरीब किसी अमीर के साथ गलत करता था तो यह नहीं होता था कि उस गरीब को भी वो बख्शता हो।

वरदा का राजनीतिक दबदबा

वरदा का राजनीतिक तौर पर भी खासा दबदबा था। वह कांग्रेस से काफी हद तक जुड़ा था। उस जमाने में ये होता था कि उसके इलाके में जो भी पार्षद, विधायक या सांसद का चुनाव लड़ता था, वह सबसे पहले वरदा के पास आता था। वह उससे पूछता था कि चुनाव लड़े कि नहीं। वरदा की हामी मिलने पर ही वह चुनाव में खड़ा होता था। उसे पता होता था कि वरदा की मर्जी के बिना चुनाव जीत ही नहीं सकता था।

वरदा के जीके मूपनार से खासे सम्बन्ध थे। वरदा एक तरह से समझ लें कि मूपनार का मुँहबोला भाई ही था। उन दिनों मूपनार की करीबी इन्दिरा गांधी के साथ थी, ये तथ्य किसी से छुपा नहीं है। रजनी पटेल उन दिनों कांग्रेस का सबसे बड़ा धन संग्राहक होता था। 1975 में आपातकाल के दौरान तमाम अपराधियों को भले ही इन्दिरा गांधी ने जेल की सलाखों के पीछे ठूँस दिया था,

वरदा और करीम लाला को उन्होंने हाथ तक न लगाया।

कहा जाता है कि आपातकाल के बाद 1977 में जो चुनाव हुए, उसमें कांग्रेस बुरी तरह से हारी थी। लेकिन वरदा ने तब भी कांग्रेस का साथ नहीं छोड़ा था। इसके बाद जो चुनाव जनवरी 1980 में हुए, उसमें फिर इन्दिरा गांधी खम ठोंक कर उतरीं।

इस दौर में वरदा ने मुम्बई से करोड़ों रुपए एकत्रित कर रजनी और मूपनार के जरिए कांग्रेस के चुनाव कोष में दिए थे। आर्थिक संकट से घिरी कांग्रेस और इन्दिरा गांधी के साथ वह खुद पूरे समय खड़ा रहा। इसके चलते कांग्रेस को चुनावों में खर्च करने के लिए अच्छी रकम मिल गई और वे अपनी छवि चमकाकर और वोटों की थोक में खरीद-फरोख्त कर फिर से चुनाव जीतने में सफल रहे। ये बात इन्दिरा गांधी से भी छुपी न रह सकी कि चुनाव के लिए पैसे वरदा ने दिए। मूपनार के जरिए उन्होंने वरदा को धन्यवाद भेजा और पूछा कि उनके लिए कांग्रेस क्या कर सकती है।

वरदा ने जवाब दिया कि अपने लिए कुछ नहीं चाहिए, उसके इलाके धारावी के सुधार की माँग रखी। उसके सुधार के लिए कोई योजना लाने की बात कही। कुछ कोष देने को कहा।

इन्दिरा गांधी ने वहाँ के लोगों के बीच की एक खास बैठक। सबके बीच उन्होंने धारावी के सुधार हेतु 100 करोड़ रुपए का एक पैकेज देने का ऐलान किया। वरदा उस दिन मंच पर ही मौजूद था। उसके साथ में राजीव गांधी और मूपनार भी दाएँ-बाएँ ही थे। इन्दिरा से मंच साझा करने के कारण पुलिस में हताशा छा गई। वरदा को हाथ लगाने से भी पुलिस कतराने लगी।

1984 में इन्दिरा की मौत के बाद ही पुलिस की हिम्मत पड़ी थी और उसे रोकने के लिए पुलिस ने कोशिशें शुरू की थी...या कहें कि अभियान चलाया था। वरदा का इतना बड़ा आपराधिक ताना-बाना और गुर्गों की फौज को खत्म करने के लिए खासी मशक्कत करनी पड़ी। राजनीतिक -गुंडा गठजोड़ तोड़ने में पुलिस अधिकारियों के दाँतों से पसीने चू गए थे।

वाईसी पवार का आना

उसी दौरान मुम्बई पुलिस के आयुक्त बने ज्यूलियो रिबेरो ने तय किया कि वे इन सरमायादारों को जड़ से खत्म कर देंगे। उन्हें उनकी भाषा में ही जवाब देंगे। उन्होंने अपने मातहत एक अधिकारी वाईसी पवार को बुलाया और पूछा कि

क्या वे सफाई अभियान का मुखिया बनेंगे।

वाईसी को जैसे इसी मौके का इन्तजार था। उन्होंने हाँ कहा और शुरू हो गया वरदा पर पुलिस हमले का दौर। एक-एक कर उसके तमाम सहयोगियों को मारना शुरू कर दिया...जेल में ठूँसना शुरू कर दिया...उन दिनों गली-गली में वरदा के गुंडों का जो दबदबा था, उनका खौफ लोगों के मन से निकालने के लिए स्थानीय पुलिस ने एक नयी शुरुआत की।

पुलिस वालों ने मुम्बई के बाहर से गैरमराठी लोगों, खासकर पंजाबियों की मदद ली। ये वे लोग होते थे जो कि दुबई जा रहे होते थे। वरदा के लोगों को पीटने का अभियान शुरू हुआ। जहाँ भी वे दिखें, उनकी खूब जमकर धुनाई होनी चाहिए, खून न निकले, हड्डियाँ न टूटें...कार या वाहन तोड़-फोड़कर नष्ट कर दें। वरदा को ये ख्वाब में अन्दाजा न था कि ऐसा कुछ पुलिस करवा सकती थी।

मजेदार बात ये थी कि जो सिख इस पिटाई अभियान में शामिल होते थे, उनकी शक्लें पहचानना वरदा और उसके लोगों के लिए सम्भव नहीं होता था। वे चूँकि तीन-चार माह में दुबई चले जाते थे, उनके बदले नये सिख आ जाते थे। वरदा के लोगों को ये सिख कभी हाथ नहीं लगते थे क्योंकि उनके नाम-पते ही किसी को पता नहीं होते थे।

पुलिस कभी इन सिखों के खिलाफ कोई कार्रवाई नहीं करती थी। ये गतिविधि लगभग डेढ़ साल तक चली थी।

पुलिस वरदा के गुंडों को हाथ बाँधकर जनता के बीच जुलूस की शक्ल में थाने तक ले जाती थी ताकि उनका खौफ लोगों के मन से निकल जाए। वे बेइज्जत होकर मुम्बई या उस इलाके से भाग जाएँ।

खौफजदा पुलिस

वरदा ने उस दौरान एक बड़ी गलती ये कर दी कि उसने पुलिस अधिकारियों के खिलाफ मामले दर्ज करवाने शुरू कर दिए। उसने डीसीपी वाईसी पवार के खिलाफ सात मामले दर्ज करवाए। सब-इंस्पेक्टर प्रकाश जॉर्ज के खिलाफ भी दर्जन भर मामले दर्ज करवा दिए।

ये तमाम पुलिस अधिकारी कुर्ला कोर्ट में पेशियाँ भरते-भरते परेशान होने लगे। जब ये अफसरान अदालत में जाते तो वरदा के दो सौ-तीन सौ लोग बाहर खड़े रहते थे। उन्हें घूर-घूरकर देखते थे। उनके सामने मूँछों पर ताव देते

थे। उन्हें मानसिक रूप से परेशान करते थे।

उस दौर में पुलिस अधिकारी भी रात को घर जाने से डरने लगे थे। वे रात को भी थानों में सोते थे। एक पुलिस अधिकारी ने तो वक्तकटी के लिए हारमोनियम लाकर रख लिया था। रात को नींद नहीं आती तो हारमोनियम बजाकर गाने गाता था।

तत्कालीन आयुक्त रिबेरो ने ऐसे पुलिस अधिकारियों को भर्ती करने का सिलसिला शुरू किया जो पहलवान हों, धावक हों, अच्छे शरीर के मालिक हों। इसका मकसद पुलिस का खौफ वरदा के लोगों में पैदा करना था।

नाशिक से जो अफसर प्रशिक्षण लेकर आते थे, उन्हें सबसे पहले वरदा के ही इलाकों में तैनात किया जाता था। सबको ये कहा था कि मामले दर्ज करें लेकिन आरोपी को गिरफ्तार न करें। उसे बस अच्छी पिटाई कर मुम्बई से बाहर भागने के लिए मजबूर कर दें।

वरदा का स्टिंग

वरदा के लिए असली परेशानी उस दिन से शुरू हुई, जब एक पत्रकार ने वरदा का एक स्टिंग किया। माटुंगा थाने का प्रभारी देशमुख और एंटाप हिल का प्रभारी इसाक सैमसन था। वे दोनों वरदा से माहिम इलाके में एक खुफिया जगह पर रविवार को मिले। ये एक मोटर गैरेज था। वो खबर वरदा के आदमी ने इस पत्रकार को बता दी।

वो पत्रकार बड़ा ही खुराफाती था। उसे पता था कि एक वायरलेस माइक बाजार में मिलता है, जिसके जरिए कार में फिट टेप रिकॉर्डर पर बातचीत की रिकॉर्डिंग की जा सकती है। वह पत्रकार गया डीएन रोड पर खोमचे वालों के पास से 180 रुपए में एक विदेशी माइक नेशनल कम्पनी का खरीदकर लाया लेकिन वो रेडियो फ्रिक्वेंसी तो उसकी कार के रेडियो पर सेट ही नहीं हुई। पत्रकार फिर भागा डीएन रोड पर। वहाँ से एक और माइक लाया। उसे परखा तो काम कर गया।

अब इस पत्रकार ने वरदा के ही एक कार चालक को फोड़ा। उसके जरिए पहले तो माइक को बैठक वाले कमरे में एक गुलदान में रखवाया। वहाँ पर सारी बातें चलीं तो 50 मिनट तक रिकॉर्ड हुईं। कैसेट बदलने के चक्कर में न जाने कार के रेडियो में क्या गड़बड़ी हुई कि आगे रिकॉर्डिंग न हो सकी।

अब पत्रकार के सामने समस्या ये हो गई कि उसके पास टेप रिकॉर्डर न

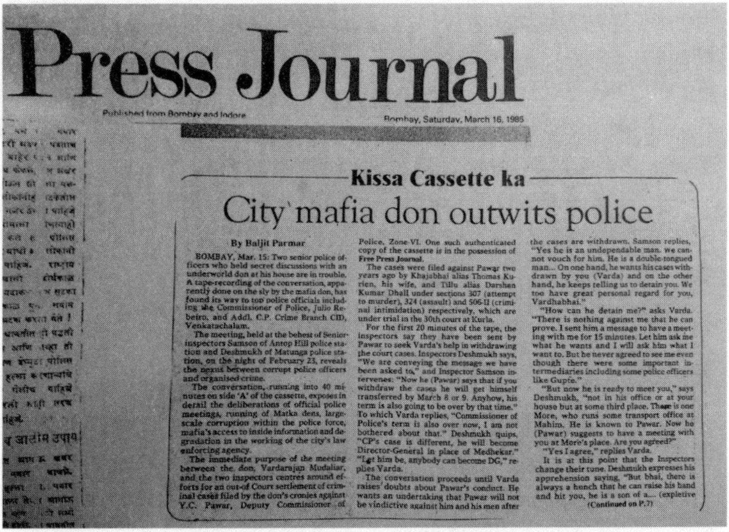

Press Journal

Published from Bombay and Indore

Bombay, Saturday, March 16, 1985

Kissa Cassette ka

City mafia don outwits police

By Baljit Parmar

BOMBAY, Mar. 15: Two senior police officers who held secret discussions with an underworld don at his house are in trouble. A tape-recording of the conversation, apparently done on the sly by the mafia don, has found its way to top police officials including the Commissioner of Police, Julio Rebeiro, and Addl. C.P. Crime Branch CID, Venkatachalam.

The meeting, held at the behest of Senior inspectors Samson of Antop Hill police station and Deshmukh of Matunga police station, on the night of February 23, reveals the nexus between corrupt police officers and organised crime.

The conversation, running into 40 minutes on side 'A' of the cassette, exposes in detail the deliberations of official police meetings, running of Matka dens, large-scale corruption within the police force, mafia's access to inside information and degradation in the working of the city's law enforcing agency.

The immediate purpose of the meeting between the don, Vardarajan Mudaliar, and the two inspectors centres around efforts for an out-of Court settlement of criminal cases filed by the don's cronies against Y.C. Pawar, Deputy Commissioner of Police, Zone-VI. One such authenticated copy of the cassette is in the possession of **Free Press Journal**.

The cases were filed against Pawar two years ago by Khajabhai alias Thomas Kurien, his wife, and Tillu alias Darshan Kumar Dhall under sections 307 (attempt to murder), 324 (assault) and 506-II (criminal intimidation) respectively, which are under trial in the 30th court at Kurla.

For the first 20 minutes of the tape, the inspectors say they have been sent by Pawar to seek Varda's help in withdrawing the court cases. Inspectors Deshmukh says, "We are conveying the message we have been asked to," and Inspector Samson intervenes: "Now he (Pawar) says that if you withdraw the cases he will get himself transferred by March 8 or 9. Anyhow, his term is also going to be over by that time." To which Varda replies, "Commissioner of Police's term is also over now, I am not bothered about that." Deshmukh quips, "CP's case is different, he will become Director-General in place of Medhekar." "Let him be, anybody can become DG," replies Varda.

The conversation proceeds until Varda raises doubts about Pawar's conduct. He wants an undertaking that Pawar will not be vindictive against him and his men after the cases are withdrawn. Samson replies, "Yes he is an undependable man. we cannot vouch for him. He is a double-tongued man... On one hand, he wants his cases withdrawn by you (Varda) and on the other hand, he keeps telling us to detain you. We too have great personal regard for you, Vardhabhai."

"How can he detain me?" asks Varda. "There is nothing against me that he can prove. I sent him a message to have a meeting with me for 15 minutes. Let him ask me what he wants and I will ask him what I want to. But he never agreed to see me even though there were some important intermediaries including some police officers like Gupte."

"But now he is ready to meet you," says Deshmukh, "not in his office or at your house but at some third place. There is one More, who runs some transport office at Mahim. He is known to Pawar. Now he (Pawar) suggests to have a meeting with you at More's place. Are you agreed?"

"Yes I agree," replies Varda.

It is at this point that the Inspectors change their tune. Deshmukh expresses his apprehension saying, "But bhai, there is always a hunch that he can raise his hand and hit you, he is a son of a.... (expletive

(Continued on P.7)

वरदा के स्टिंग की खबर फ्री प्रेस जर्नल में छपी

था कि कैसेट सुन सके। वो अपने दोस्त के घर गया। कैसेट सुनी तो सब कुछ साफ हो गया। उस कैसेट में तो वाईसी और रिबेरो के निजी जीवन और परिवार को लेकर तो वरदा और दोनों अफसरान ने बेहद घटिया और दोयम दर्ज की टिप्पणियाँ की ही थीं, जातिसूचक गालियाँ भी दी थीं।

ये सुनकर पत्रकार के होश उड़ गए। अब उसने इस कैसेट की एक और प्रति तैयार करने का मन बनाया। इसके लिए दूसरा टेप रिकॉर्डर चाहिए था। वे अपना टेप कार में डालकर तीसरे पत्रकार के घर पहुँचे। वहाँ दो टेप रिकॉर्डर के जरिए कैसेट की एक और प्रति तैयार हुई।

अब उस पत्रकार ने अपना दामन बचाने के लिए एक और खुराफात की। उसने अपने एक खास दोस्त को कहा कि वो अपनी सास से, जो उस समय जोगेश्वरी में रहती थी, के पास वाले डाकघर से उसके अंग्रेजी अखबार के पते पर वो कैसेट भेजे। ऐसा ही हुआ।

जब वो कैसेट पत्रकार को मिली तो वो कैसेट पत्रकार ने वाईसी और रिबेरो को सुनाई। बस, फिर क्या था...वे दोनों आगबबूला हो गए। उन्होंने अब अपनी वानर सेना को आदेश दे दिया कि वरदा को किसी भी हाल में तहस-नहस कर दें।

अब एक ऐसा दस्ता तैयार हुआ जो पुलिस के मुखबिरों का था, वे जाकर वरदा के ठिकानों पर मारकाट मचा देते थे। वरदा के तमाम अड्डों और झोंपड़पट्टियों में आगजनी करके उन्हें भारी नुकसान पहुँचाने लगे। अब पुलिस ने वरदा को उसकी ही भाषा में जवाब दिया तो उसके तमाम कर-बल ढीले हो गए। ये खबर उन दिनों अखबार में छपी और खासा हंगामा हुआ था।

ये मुम्बई के संगठित अपराध जगत का पहला स्टिंग ऑपरेशन था, जो 1985 में हुआ था।

रिटर्न टिकट

इसके बाद वरदा को भारी तकलीफ शुरू हो गई। काम बन्द होने लगे। उसने पत्रकार को किसी के हाथों सन्देशा भेजा कि उससे आकर मिले, वह काफी परेशान है। महेंद्र सिंह विग उर्फ बड़ा सोमा तब वरदा का शराब का पूरा कारोबार देखता था। सोमा का दफ्तर सरदार नगर में एक दुकान में था। वहाँ वरदा अक्सर बैठता था। वहीं सुबह 11 बजे ये बैठक होनी तय हुई। वहाँ तीन लोगों के बैठने लायक एक सोफा लगा था और लोहे की एक फोल्डिंग कुर्सी थी।

जब कमरे में पत्रकार गया तो लोहे की कुर्सी पर बैठ गया। वहाँ वरदा के तमाम सिपहसालार विट्ठल भाई, खाजा भाई, बड़ा सोमा, टिल्लू उस्ताद, परमेश्वर खड़े थे।

ठीक 11 बजे वरदा आया और सोफे पर बैठ गया। इशारे से वरदा ने कहा कि बैठिए। पत्रकार सोफे पर उसके साथ बैठ गया। खड़े हुए सिपहसालार पत्रकार को इशारा कर रहे थे कि वह सामने कुर्सी पर बैठे। पत्रकार ने उनकी तरफ ध्यान ही नहीं दिया।

वरदा ने 555 की डिब्बी निकाली और पीने लगा, फिर पत्रकार से पूछा कि पियोगे तो पत्रकार ने अपनी चार्म्स सिगरेट निकाली। पीने लगा। यह देखकर वरदा के तमाम सिपहसालार बुरी तरह नाराज हो उठे लेकिन कुछ बोले नहीं।

बातचीत में वरदा ने पूछा कि कैसेट कैसे मिली तो पत्रकार ने उसे दिखा दिया कि ये कैसेट इस लिफाफे में आई थी। सम्पादक ने बोला कि छाप दो...तो छाप दी।

वरदा ने कहा, ''मैं गुनहगार नहीं हूँ, गरीबों की मदद करता हूँ।''

पत्रकार ने वरदा से पूछा कि ये जो रिबेरो ने मुठभेड़ दस्ते बनाए हैं, वे जाने–पहचाने नाम वाले गुंडों को मार रहे हैं, कहीं आपको भी तो निशाना नहीं बनाने वाले हैं?

वरदा यह सुनकर बौखलाया जरूर लेकिन धीरे से बोला, ''हिन्दू ग्रन्थ जानता तुम?''

पत्रकार ने कहा, ''थोड़ा–बहुत।''

वरदा गुस्से से बोला, ''हिन्दू ग्रन्थों में लिखा होता...जो इस दुनिया में आता...वो रिटर्न टिकट लेकर आता...उस टिकट का नाम बदली नहीं होता...टाईम बदली नहीं होता...गाड़ी बदली नहीं होता...ये साला पुलिस वाला मुझे क्या मारेगा...मैं तो रिटर्न टिकट ले के आया है।''

अन्त में एक सवाल पत्रकार ने पूछ लिया, ''आम आदमी आपसे क्यों डरता है?''

वरदा ने उँगुली दिखाकर कहा, ''तुम भी डरता क्या?''

पत्रकार ने कहा, ''मैं नहीं डरता। पहली बात ये कि मैं आम आदमी नहीं हूँ। दूसरा मैं कुछ गलत काम नहीं करता हूँ।''

ये सुनकर सारे सिपहसालार बौखला उठे।

पत्रकार की बात सुनकर वरदा खड़ा हो गया, बोला, ''सोमा मेरे को जाने का है।'' वरदा अब पत्रकार से मुखातिब हुआ, ''बलजीत परमार नाम बताया न तुमने'' वह फिर से सोमा की तरफ घूमा और ताकीद की, ''ये बहुत अच्छा आदमी है...इसका बहुत खयाल रखना।''

पत्रकार वहाँ खड़ा रहा। सारे गुर्गे वरदा के पीछे कार तक गए। वापस आकर सोमा ने पत्रकार को एक लिफाफा दिया, जिसमें पैसे थे। उस पत्रकार का डर अब दूर हो गया कि यहाँ खतरा नहीं है।

पत्रकार ने पूछा, ''इसमें क्या है?''

सोमा ने कहा, ''भाई ने दिए हैं, क्या है और कितना है मुझे नहीं पता।''

पत्रकार ने पैसे लेने से मना किया तो सोमा बोला, ''भाई नाराज हो जाएगा।''

पत्रकार ने कहा, ''सामने हिजड़ों का मन्दिर है...ये पैसे ले जाकर उसमें दे दो।''

इतना कहकर वो पत्रकार सभी को भौचक्का छोड़कर वहाँ से निकल गया। वहाँ जो भी बातचीत हुई, 'रिटर्न टिकट' शीर्षक से एक अंग्रेजी अखबार में छपी थी।

वरदा के गणपति

माटुंगा, माहिम और धारावी इलाके में उसका बड़ा भव्य गणपति पंडाल बनता था। वरदराजन के गणपति पंडाल की यह महिमा थी कि मुम्बई के तमाम राजनेताओं और प्रसिद्ध लोगों की भीड़ दर्शनों के लिए जुटती। उस वक्त में हजारों मीटर में विस्तारित इस पंडाल की न केवल रोशनी और सजावट सबसे भव्य होती थी, हर दिन हजारों लोग यहाँ शान्ति से पंक्ति लगाकर दर्शन करते थे।

इस गणपति पर भी बाद में पुलिस अधिकारियों ने शिकंजा कसा था। यह कहकर उस पर रोक लगाई और क्षेत्रफल छोटा करवा दिया कि इससे इलाके में शान्ति-व्यवस्था भंग होती है, सड़क पर यातायात रुकता है, गणपति के नाम पर लिया जा रहा चन्दा असल में 'हफ्तावसूली' की तरह जबरन वसूला जाता है।

चित्र : वरदा का गणपति पंडाल

लुंगी में गिरफ्तारी

पुलिस के लगातार बढ़ते दबाव के कारण वरदा के लोग भी बौखलाने लगे। पुलिस वाले लगातार उन पर हमले कर रहे थे। उनकी भट्टियाँ तोड़ने लगे, अड्डे जलाने लगे। जुएखानों और शराबखानों पर जमकर मारपीट करने लगे।

गुस्से में वरदा के लोगों ने एक पुलिस चौकी जला दी तो पुलिस का जोर और तेज हो पड़ा। वरदा को भी उसमें पुलिस ने सह आरोपी बनाया था।

एक रात शैतान चौकी में तमाम पुलिस वालों की बैठक वाईसी के साथ हुई। यह बताना जरूरी है कि शैतान चौकी असल में दादर थाना है। दादर थाने का यह नाम इसलिए पड़ा क्योंकि तब इस इलाके में सबसे अधिक गुंडे-मवाली यानी शैतान होते थे। अंग्रेजों के समय में ही दादर थाने का यह नाम पड़ गया था।

वाईसी ने कहा, ‘‘आज वरदा को गिरफ्तार करना है।’’

एक पुलिस इंस्पेक्टर ने कहा, ‘‘जो वरदा के खिलाफ केस हैं, उनमें वह आराम से छूट जाएगा।’’

वाईसी गुस्से में बोल पड़ा, ‘‘निकलो यहाँ से...तुम वरदा के आदमी हो...जाओ उसे बोल दो कि वाईसी उसे अरेस्ट करने आ रहा है।’’

गुस्से में वह इंस्पेक्टर सही में चला गया वरदा के पास और इस बैठक की तफसील दे दी।

उधर एसीपी एमजी राव से वाईसी पवार ने कहा, ‘‘वरदा को तो यहाँ लुंगी में पकड़कर लाओ...ये काम आपको करना है।’’

एमजी राव सदल-बल माटुंगा में वरदा के घर जा पहुँचा।

अपने बैठकखाने में बनियान-लुंगी में बैठा वरदा बोल पड़ा, ‘‘आओ एमजी, मुझे पता था तुम आओगे, हथकड़ी लाए हो कि नहीं।’’

एमजी ने कहा, ‘‘मेरी आदत अधिक बोलने की नहीं है...मेरे साथ चलो बस।’’

वरदा ने कहा, ‘‘वारंट है...कोर्ट का ऑर्डर है...कैसे लेकर जाओगे?’’

वरदा उससे बड़ी बदतमीजी से पेश आया तो एमजी को गुस्सा आ गया। उसने वरदा का हाथ पकड़ लिया तो वह बोला, ‘‘मेरा हाथ छोड़...मेरा हाथ तेरे घर तक पहुँच गया तो बुरा हो जाएगा।’’

ये सुनकर एमजी भड़क उठा। उसे वैसे ही खींचकर घर से नीचे ले आया। दालान में पहुँचा तो उसने वरदा के एक गुर्गे से कहा, ‘‘इसकी एक कमीज लाकर दो।’’

सफारी की एक कमीज और लुंगी में ही वरदा को लेकर रात ढाई बजे एमजी शैतान चौकी लेकर पहुँचा। उसे देखते ही वाईसी पवार ने उसे पहले तो खूब गालियाँ सुनाईं, खूब भड़ास निकाली।

इस पर वरदा ने कहा, ‘‘आपकी जगह पर हूँ, जो करना है यहाँ कर लो,

चित्र : हाजी मिर्जा मस्तान ने निभाया दोस्ती का फर्ज (तस्वीर साभार : सुंदर शेखर)

सबको कोरट में देखूँगा, वरदा को गाली सुनाते हो।''

ये सुनना था कि गुस्से से वाईसी फट ही पड़ा। उसने वरदा को वहीं बूटों से मारना शुरू कर दिया। वरदा जमीन पर गिर पड़ा। ये बात वरदा को दिल पर जा लगी। रात वहीं शैतान चौकी के हिरासत खाने में वरदा बन्द रहा। अगले दिन पुलिस ने उसे अदालत में पेश किया। दो दिन की पुलिस हिरासत मिली। इस बेइज्जती से दुखी होकर वरदा मुम्बई से मद्रास चला गया।

वरदा की अन्तिम यात्रा

वरदा ने बीमार होने पर अपने अन्तिम दिनों में बेटे मोहन को फोन करके कहा था कि मेरा अन्तिम संस्कार मुम्बई में ही करना, मद्रास में नहीं।

चेन्नई में दिल का दौरा पड़ने से 62 साल की उम्र में 1988 में वरदा की मौत हुई थी। उसकी मौत हुई और खबर बाहर फैली तो हजारों की संख्या में लोग उसके मुम्बई के घर के बाहर जमा हो गए।

हाजी मस्तान भी मोहन के पास अफसोस जताने पहुँचा। मोहन ने उसे बताया कि पिता की अन्तिम इच्छा क्या थी। मस्तान ने बोला कि ये बात तो पूरी होकर रहेगी।

मस्तान ने अब अपने सम्पर्क साधे, एयर इंडिया की एक पूरी फ्लाइट चार्टर की, खाली विमान में अकेला चेन्नई गया, वहाँ से वरदा का शव लेकर मुम्बई आया। यहाँ अन्तिम संस्कार में वह भी शामिल हुआ। इस तरह मस्तान ने दोस्ती निभाई।

इस शवयात्रा में पहली बार तकरीबन तीस हजार की भीड़ जमा हुई थी मुम्बई में। ऐसी शव यात्रा तब तक किसी की नहीं निकली थी।

वरदा की मौत से काले संसार की बादशाहत खाली हुई तो उस पर हाजी मस्तान ने कब्जा किया था।

किस्सा-ए-वरदा

'टुकड़ा भाई' के टुकड़े

वरदा का एक कारिन्दा टुकड़ा भाई होता था। वह बड़ा खतरनाक था। वह जानवरों का कच्चा मांस खा जाता था, उनका खून पी जाता था। वह हमेशा सिर्फ लूँगी में घूमता था। वह कोलीवाड़ा के मन्दिर के बाहर ही पेड़ के नीचे सदा पाया जाता था।

वरदा से अगर किसी ने कोई गलत काम कर दिया तो वरदा उससे बोलता, "टुकड़ा भाई, अब इसका क्या होगा?"

टुकड़ा भाई जवाब देता था, "इसका भी टुकड़ा होगा।"

टुकड़ा भाई उस बन्दे को उठाकर ले जाता और नाव में उसी खाड़ी में ले जाकर टुकड़े कर लाश समन्दर में बहा देता था।

टुकड़ा भाई इतना ताकतवर था कि ब्यूटेन गैस से भरे दो सिलिंडर दोनों हाथों में उठाकर नावों में रख देता था। वो सदा चुप रहता था। पुलिस वाले उसे कितना ही मारें, उफ तक नहीं करता था।

गुरु तेगबहादुर नगर की रेलवे कॉलोनी के पास झोंपड़ों में एक लड़की रहती थी, जो नर्स बन गई थी। एक हादसे में वह गूँगी-बहरी हो गई। उसकी नौकरी जाती रही। उसका पिता बीएमसी में सफाईकर्मी था। टुकड़ा भाई ने उसे देख लिया और मन्दिर में लाकर उससे बलात्कार कर दिया।

अगली सुबह लड़की का पिता उसे लेकर वरदा के घर जा पहुँचा और शिकायत की। वरदा गुस्से में खुद माटुंगा से कार में वहाँ पहुँचा। वरदा ने तुरन्त वहीं मन्दिर में दरबार लगाया। सबके सामने टुकड़ा से पूछा, ''क्या ये लड़की जो बोल रही है, वो सही है?''

टुकड़ा आँख नीची कर बोला, ''दारू के नशे में गलती हो गई।'' उसका ये बोलना था कि वरदा का फरमान आ गया।

उसने कहा कि नारायण आज तू दारू पिएगा...तूने आज तक दारू नहीं पी ना...तेरी दारू पीकर टुकड़ा ने क्या किया ये तूने देख लिया ना?

वरदा के सबसे खास सिपहसालारों में नारायण का नाम शुमार था। वह कोढ़ी था। उसके हाथों की सभी अँगुलियाँ गल कर गिर चुकी थीं। मध्य मुम्बई क्षेत्र में वह अवैध शराब का पूरा कारोबार वरदा के लिए सँभालता था। उसका पूरे इलाके में खासा आतंक था। उसके पास कोढ़ियों की पूरी फौज थी, जो शराब तस्करी में माहिर थी। उनके जरिए पूरी मुम्बई में वह शराब की सप्लाई मजे से करवाता था।

यह कहकर वरदा चला गया। उसके बाद टुकड़ा कभी किसी को नजर नहीं आया। कहा तो यही जाता है कि वरदा ने नारायण से ही टुकड़ा के उसी तरह टुकड़े करवाए, जिस तरह वह लोगों के करता था। उसी खाड़ी में लाश के टुकड़े फिंकवाए, जहाँ वह औरों के फेंकता था।

कहा तो यह भी जाता है कि वरदा असल में उन लोगों की हत्या नहीं करवाता था। वह टुकड़ा भाई को कहकर उन लोगों को बुरी तरह आतंकित करवाकर वापस तमिलनाडु या जिस राज्य के जिस शहर या गाँव से आया था, वहाँ भागने को मजबूर कर देता था।

ये भी कहा जाता है कि टुकड़ा भाई की हत्या भी उसने नहीं करवाई थी बल्कि इसी तरह से उसे भी वापस घर भेज दिया था।

तोहफे में 365 टीवी

माटुंगा थाने के प्रभारी की उन दिनों शादी निकली। माटुंगा थाने में ही पुलिस

कॉलोनी है। इसमें तमाम पुलिसकर्मी रहते हैं। वहाँ लगभग 80 घर हैं। वरदा ने शादी में वेस्टर्न कम्पनी के 365 टीवी सेट बतौर उपहार भेजे थे।

यह सवाल भी सही उठा है आपके दिमाग में कि जब घर 80 हैं, तो 365 टीवी तोहफे में क्यों भेजे? अगर पुलिस वालों के घर 80 थे तो उतने ही जाने चाहिए थे। वह तो वरदा भाई था। घरों के हिसाब से नहीं, थाने में कितने अफसर और कर्मचारी थे, उनकी संख्या के आधार पर टीवी का यह तोहफा गया था। थाने के कुल 200 अधिकारी और कर्मचारियों के अलावा अपराध शाखा और अन्य कुछ विभागों के भी हर पुलिसकर्मी के लिए एक टीवी तोहफे में भेजा था।

थाने में रुतबा

वरदा दादा जब भी माटुंगा थाने में जाता, तो थाना प्रभारी अपनी कुर्सी से खड़ा हो जाता। उसे सलामी देता था। वह अपनी कुर्सी वरदा के लिए खाली कर देता था। वरदा उस कुर्सी पर जाकर बैठता था। प्रभारी जाकर पास की कुर्सी पर बैठता था।

वरदा के प्रति लोगों में ही नहीं पुलिस अधिकारियों में भी एक खास किस्म का सम्मान या भय था। वह पुलिस वालों से बेहद विनम्रता से ही पेश आता था। जब भी किसी को मदद की दरकार होती तो खुले दिल से करता। कभी किसी आपराधिक मामले में भी जरूरत पड़ जाए तो पुलिस अधिकारियों को मदद देता। इसके कारण माटुंगा थाने के तमाम अधिकारी और कर्मचारी वरदा को सलामी देते थे।

मुम्बई पुलिस के इतिहास में वरदा पहला और इकलौता गिरोह सरगना था, जो इस तरह किसी पुलिस अधिकारी की कुर्सी पर बैठता था।

एम्बुलेंस में सोना तस्करी

हाजी के साथ वरदा ने सोने की तस्करी करनी जब शुरू की तो रायगढ़ के श्रीवर्धन जैसे विभिन्न तटों और ठाणे जिले के कई तटों पर लैंडिंग करवाता था। उत्तन में राजू कोली भी उसका लैंडिंग एजेंट था। भाई ठाकुर भी उन दिनों वरदा का लैंडिंग एजेंट था।

वरदा ने 10 नयी मेटाडोर लेकर उन्हें एम्बुलेंस की शक्ल दी। चारों तरफ

उन पर एम्बुलेंस बना दिया। उन पर बाकायदा नीली बत्तियाँ भी लगा दीं। कोलीवाड़ा में वरदराज नगर में जो पक्की सड़क बनाई थी वरदा ने, वह असल में इन एम्बुलेंस की बेरोकटोक और तेज गति से अन्दर आने के लिए ही थी। उसके पीछे स्थानीय जनता के लिए कुछ करने की बात असल में एक छलावा ही था।

वरदा के दो खास सिपहसालार होते थे, परमेश्वर और विट्ठल। इन पर सोना तस्करी का जिम्मा था। इन एम्बुलेंस में सोना मुम्बई में लाया जाता था। उसमें बाकायदा नकली मरीज और डॉक्टर व नर्स होते थे। यह बात वरदा को पता थी कि हर एम्बुलेंस में एक अतिरिक्त बैटरी हमेशा रखी होती है ताकि किसी नाजुक परिस्थिति में इंजन से जुड़ी बैटरी अगर धोखा दे जाए तो नयी बैटरी तुरन्त जोड़ी जा सके। वरदा के शैतानी दिमाग ने इसी का फायदा उठाना तय किया।

वरदा के लोग बैटरी का ऊपरी हिस्सा काटकर उसमें सोना भर देते थे। पुलिस कभी एम्बुलेंस रोककर तलाशी लेती तो अतिरिक्त बैटरी की तरफ किसी का ध्यान भी नहीं जाता था। वरदा की ये एम्बुलेंस इस तरह बरसों तक सोना तस्करी के काम आती रहीं। एक बैटरी में बड़े आराम से 20 किलो तक सोना आ जाता था। एक बार में इतना सोना एक साथ किसी जगह पहुँचाने के लिए यह बड़ी उम्दा व्यवस्था थी। अमूमन जीपों और वैन में खाँचे बनाकर सोना तस्करी होती थी। एम्बुलेंस में सोना तस्करी की नायाब तरकीब ने वरदा को बहुत फायदा पहुँचाया था।

एक बार छापे के दौरान उसकी एक एम्बुलेंस में सोना पकड़ा गया तो ये छद्मावरण हट गया। उसके बाद वरदा ने सभी मेटाडोर को असली एम्बुलेंस बनाकर उस पर अपनी एक सामाजिक संस्था का नाम भी लिख दिया था।

तस्करी के लिए रेल पटरियों की कटाई

सोने की तस्करी करने के लिए उन दिनों वरदा बड़े खतरे उठाता था। बीच समन्दर में तस्करी का माल लाए जहाजों या बड़ी नौकाओं से माल उतारकर तट तक लाने के लिए वरदा खुद अपने साथ में कम से कम 10 नावें लेकर सायन कोलीवाड़ा के पीछे की खाड़ी से होकर जाते थे।

कोलीवाड़ा के दाईं ओर तो हिन्दुस्तान पेट्रोलियम और भारत पेट्रोलियम की रिफाइनरी थीं, स्टोरेज टैंक दूसरी दिशा में यानी कोलीवाड़ा के बाईं ओर थे। उनके बीच में छोटी सी एक रेलवे लाइन थी। उस पर छोटे-छोटे टैंकरों

वाली एक ट्रेन से पेट्रोल और डीजल की आवाजाही एक पटरी के माध्यम से होती थी। वहाँ खाड़ी पर एक छोटा सा पुल था, जिससे होकर ये ट्रेन जाती थी।

वरदा अपने साथ में ब्यूटेन गैस का सिलिंडर लेकर पहली नाव में सवार होकर तस्करी का मामला लेने वाली छोटी नौकाओं के इस कारवाँ में आगे चलता था। वे पहले पटरी का लगभग पाँच फुट का हिस्सा 10 मिनट में काटकर शहतीरों (फिश प्लेट) के साथ ही निकाल देते थे। उसे एक तरफ रखकर नावों में आगे चले जाते थे। तस्करी का माल लेकर वापस लौट आते। वापसी में रेल पटरी फिर वेल्डिंग करके जोड़ देते थे। सारा माल लोगों के घरों में रख देते थे।

कपड़ों की चोरी क्यों नहीं

वरदा का लाया तस्करी का सामान एक या दो दिन तक छुपाकर रखने के एवज में लोगों को 100 से 150 रुपए मिलते थे। लोग केटी और पुंगी कपड़े की चोरी इसलिए नहीं करते थे क्योंकि उनके पकड़े जाने की पूरी-पूरी सम्भावना होती थी।

कारण ये था कि तस्करी से आया कपड़ा पहले तस्कर के गोदाम में जाता था। वहाँ से 15 दिनों बाद कपड़ा मनीष मार्केट में बिकने आता था। वहाँ से लोग खरीदकर ले जाते और शर्ट बनाकर पहनते थे। इस पूरी प्रक्रिया में लगभग 20 से 30 दिन का वक्त लगता था।

कोई अगर कपड़े के एक या दो थान चोरी करके किसी को बेच देता, वे कपड़ा पहले ही बनाकर पहन लेते तो तुरन्त पकड़ में आ जाते थे। वे कपड़े पहने बन्दे को पकड़कर वरदा के बन्दे की धुनाई करते तो असली चोर का पता चल जाता था। फिर चोर की वो गत बनती कि सारा इलाका काँप उठता था। वरदा की पिटाई के डर से लोग ईमानदार बने रहते थे।

एक रुपए रोज का वरदा

एक बार जब वरदा से किसी ने पूछा कि आपका गुजारा कैसे चलता है? आप किस तरह अपना काम चलाते हैं? घर का खर्च कैसे चलता है?

वरदा का कहना था कि मेरा तो घर सिर्फ एक रुपए रोज पर चलता है। ये कहकर वो ठठाकर हँस पड़ता था।

इस बात के पीछे ये राज न था कि वरदा बेहद सादा जीवन बिताता था।

असलियत यह थी कि उसने तकरीबन 18 हजार महिलाओं और पुरुषों से अवैध धन्धे करवा रखे थे। हर व्यक्ति उसे राजी-खुशी एक रुपया रोज देता था। यानी उसकी दैनिक आय हर दिन की 18 हजार रुपए थी। इसका मतलब था कि वो हर माह 5 लाख 40 हजार रुपए की शुद्ध आय बिना किसी पचड़े के हासिल करता था।

वरदा यह भी कहता था कि ये पैसा मेरे घर में नहीं आता है। इस रकम से लोगों के लिए काम करवाता था। वरदराज नगर में उसने पक्की सड़कें अपने ही खर्च पर बनवा दी थीं। लोगों को बसें भर-भरकर अपने खर्च पर तमिलनाडु के मन्दिरों की यात्रा पर भेजता था। गरीब लड़कियों की शादियों में खर्च करता था। एम्बुलेंस खरीदता था। बेरोजगारों को कारोबार लगवाता था।

खुद के जीवनयापन के बारे में वरदा बताता था कि एक पुरानी इमारत के किराया से उसे हर माह 16 हजार रुपए आता था। दादर गुरुद्वारे के पास नायगाँव की अम्बेडकर रोड स्थित इस इमारत में तल मंजिल पर दुकानें थीं। ऊपर की दो या तीन मंजिलों में वकीलों के दफ्तर थे। वरदा कहता था कि इसी से मेरी गुजर होती है।

वरदा राजनीतिक चन्दा

राजनीतिक दलों को वह पैसे भी इसी एक रुपए की आमदनी वाली रकम से देता था। वो हर दल के नेताओं को पैसे देता था, यहाँ तक कि कोई निर्दलीय उम्मीदवार चुनाव लड़ता था तो उसे भी पैसे देता था।

वरदा कहता था कि सबको पैसे दो, जो भी जीतकर आएगा, वो हमारा ही आदमी होगा। वह पैसे शिवसेना से लेकर कांग्रेस तक सबको भले ही बाँटता था, प्रचार सदा कांग्रेस के लिए करता था। वह भी खुलेआम करता था।

शराबवाली के 10 बच्चे

एक बार एक शराब बेचने वाली महिला को माटुंगा थाने के अफसरान मक्करवाड़ी से पकड़कर ले गए। औरतों के लिए तब वहाँ अलग सेल न था। औरतों को भोईवाड़ा हिरासतखाने में भेजना पड़ता था।

इस महिला को लेकर पुलिस बल जैसे ही थाने पहुँचा, एक अन्य महिला एक से लेकर नौ साल तक के 10 बच्चे लेकर पहुँच गई।

सब बच्चों को सिखा दिया कि थाने में जाते ही सभी को उस शराब बेचने वाली महिला से अम्मा-अम्मा कहते हुए चिपट जाना है।

जैसा सिखाया गया था, वैसा ही थाना प्रभारी के कमरे में सारे बच्चे कर देते हैं। ड्यूटी अफसर के कमरे में ये नजारा देखकर सब सकपका गए।

उसी समय एडिशनल सीपी का दौरा हो गया। उसने पूछा कि ये सब क्या हो रहा है। पुलिस अधिकारी ने बताया कि शराब बेचने वाली को पकड़ा है। जब बच्चों के बारे में पूछा तो उसने कहा कि ये तमाम बच्चे इसी औरत के लगते हैं क्योंकि ये सब उसे अम्मा कहकर चिपके जा रहे हैं।

अफसर ने कहा कि ये तो गड़बड़ी हो जाएगी। इन बच्चों का हम क्या करेंगे। इसे अभी तो छोड़ दो। बाद में कभी पकड़ लेंगे। इस तरह वो महिला मजे से छूटकर घर चली गई।

ऐसे तरीके इस महिला अपराधी फौज को वरदा और उसके साथी सिखाते थे।

नकली कोढ़ियों की शराब तस्करी

शराब एक से दूसरी जगह तक ले जाने के लिए पहले मर्दों का ही इस्तेमाल करते थे। वे तेज मोटरसाइकिल सवार होते थे। कार चलाना जानते थे। खुद कद्दावर होते थे। लेकिन छोटी गलियों में शराब कारों में पहुँच नहीं सकती थी।

वरदा ने शराब के परिवहन के लिए कोढ़ियों की एक सेना तैयार की थी। उसका मुखिया बनाया था सायन—कोलीवाड़ा में कोलीवाड़ा नाके के पास ही बने शराब अड्डे का मालिक नारायण कोढ़ी। उसके दोनों हाथों की सभी अँगुलियाँ कोढ़ से गल चुकी थीं। पाँव भी लगभग खस्ताहाल थे।

मन्दिर के पीछे कोढ़ी सेना का अड्डा था। मन्दिर के अन्दर से ही अड्डे के अन्दर जाना होता था। जब ये कोढ़ी शराब के पोटले लेकर जाते थे, कोई पुलिसकर्मी उनके पास जाना पसन्द नहीं करता था। उनके हाथ-पाँव से खून रिसता दिखता था। मक्खियाँ भिनभिनाती रहती थीं। उनसे घृणा के चलते कोई पुलिस वाले को पास जाने की हिम्मत भी नहीं होती थी।

कई कोढ़ी नकली भी तैयार किए जाते थे। अच्छे-भले और चंगे लोगों के हाथों की अँगुलियाँ मोड़कर पट्टियाँ बाँधी जाती थीं। पाँवों की अँगुलियों

पर भी पुराने कपड़ों की पट्टियाँ बाँधते थे। उन पर गुड़ का पानी लगाते थे। यह ऐसा आभास देता कि कोढ़ के जख्मों से द्रव रिस रहा है। गुड़ के कारण उन पर मक्खियाँ भिनभिनाने लगती थीं। इस तरह कोढ़ी तैयार हो जाते थे। वे मजे से पुलिस वालों के सामने ही शराब के पोटले लेकर घूमते थे और कोई उन्हें छूता तक नहीं था।

फुटबाल ब्लडर और कारों के ट्यूबों में भरी अवैध शराब का परिवहन ये कोढ़ी सेना करती थी।

वरदा का पहरा

डॉ. सी. सुब्रह्मण्यम ने सायन–माटुंगा से तीन बार चुनाव जीता था विधानसभा का, मंत्री भी बने थे। काफी समझदार, ईमानदार और कर्मठ राजनेता थे।

एक बार उन्होंने सोचा कि हर बार तो वरदा से पूछकर ही चुनाव में खड़े होते हैं, हर बार वो हामी भर देता है, इस बार भी ऐसा ही कर लेता हूँ, क्या फर्क पड़ता है।

उन्होंने वरदा से पूछे बिना ही चुनाव के लिए परचा भर दिया। वरदा को इसका बड़ा बुरा लगा।

वरदा उनसे इतना नाखुश था कि उसने अपने लोगों को डॉ. सुब्रह्मण्यम के घर के बाहर ही बैठा दिया। उनके घर से बाहर जाने पर पाबन्दी लगा दी। बेचारे डॉ. सुब्रह्मण्यम हैरान कि ये क्या हो रहा है? क्यों वरदा भाई ऐसा कर रहे हैं?

चार दिनों तक ये नाटक चलता रहा। वरदा को वे फोन लगाते रहे। वरदा ने उनसे बात तक नहीं की। डॉ. सुब्रह्मण्यम की हिम्मत तक न हुई कि पुलिस को फोन करें कि उसके साथ वरदा क्या ज्यादती कर रहा है।

चौथे दिन जब वरदा से फोन पर बात हुई तो उसने सुब्रह्मण्यम से कारण पूछा, ''हमारी मरजी के बिना परचा भर लिया है तो क्या आप प्रचार भी कर लोगे? चुनाव भी जीत जाओगे? परचा भरने की हिम्मत कैसे हुई?''

डॉ. सुब्रह्मण्यम ने वरदा से माफी माँगी। उसकी पत्नी ने बेटी व दामाद के साथ वरदा के घर जाकर भेंट की और सही बात बताई।

वरदा ने उसे ये कहते हुए माफ कर दिया, ''आईंदा ऐसी गलती नईं करने का।''

इसके बाद वरदा का पहरा उठा। डॉ. सुब्रह्मण्यम जीते। इस जीत के बाद उन्होंने चुनाव लड़ने से ही तौबा कर ली।

मुम्बई में पहली हत्या

जुहू में सी प्रिंसेस होटल के पास एक पुराना बँगला था। एक बिल्डर उसे खरीदकर वहाँ इमारत तामीर करना चाहता था। वो घर एक ईसाई परिवार का था। परिवार के सभी सदस्य मान गए लेकिन एक बेटी वेनिटा मैरी लोबो ने इनकार कर दिया कि वो अपना हिस्सा नहीं बेचेगी। मामला अदालत में जा पहुँचा। सबने पैसे ले लिये, बिल्डर परेशान, वो मांडवली के लिए वरदा के पास जा पहुँचा।

वरदा ने वेनिटा को बुलाकर बात की। वेनिटा वरदा को नहीं जानती थी। उसने भी गुस्से में वरदा की ले-देकर दी। उसे चुनौतियाँ देकर चली गई।

वरदा ने मंगू दादा को बुलाया। वो सदा शराब पिये रहता था। था मदरासी लेकिन लम्बे बाल रखकर सिर पर पटका बाँधकर सिखों की तरह घूमता था। उसने वेनिटा के घर के बाहर कई दिनों तक फीलिंडग लगाई। एक दिन अपनी टैक्सी के नीचे कुचलकर वेनिटा को मार दिया और खुद भाग गया।

वरदा ने एक इमारत के चक्कर में ये पहली हत्या उन दिनों अपराध जगत में करवाई थी। इस हत्या को लेकर बड़ा बखेड़ा हुआ लेकिन मंगू कभी पकड़ा नहीं गया। मामला धीरे-धीरे शान्त हो गया। बाकी परिवार ने चुपचाप घर खाली कर दिया।

लेकिन हाँ, ऊपर वाले की लाठी बेआवाज है। उसने मंगू का भी अच्छा हिसाब किया। एक दिन लोकल ट्रेन के नीचे आकर वो मरा मिला।

वरदा पर फिल्में

वरदराजन की जिन्दगी तो उसकी मौत के बाद और भी मशहूर हुई। दक्षिण के मशहूर फिल्म निर्देशक मणिरत्नम ने 1987 में 'नायकन' फिल्म बनाई। इसमें कमल हासन मुख्य भूमिका में थे। फिरोज खान ने 1988 में वरदा के जीवन पर ही 'दयावान' बनाई थी।

समानान्तर अदालत का जज
हाजी मिर्जा मस्तान उर्फ अब्बा

मस्तान सोना तस्करी का बड़ा नाम तो था ही, वो बड़ी धार्मिक प्रवृत्ति का बन्दा भी था। अपने समय में सभी अपराधियों को काले कारनामे मस्तान ने सिखाए थे। मस्तान तो इन सरगनाओं का एक तरह से उस्ताद था।

60 के दशक के आरम्भ में महाराष्ट्र के सतारा जिले के निवासी मस्तान की जिन्दगी मुम्बई की गन्दी चाल से शुरू हुई थी। किशोरावस्था में मस्तान ने आर्थर गोदी में बतौर कोली काम किया। उसने मजदूर पिता और माँ के पेट भरने के लिए गलियों में फल-सब्जी भी बेचे थे। फुटपाथों पर या पाइपों में सोकर भी कई रातें गुजारी थीं।

ऐसे में ही धीरे-धीरे मस्तान के सम्बन्ध विदेशियों से बन चले और छोटे-मोटे सामान की तस्करी करते हुए सोने, इलेक्ट्रॉनिक्स और कपड़ों की तस्करी करने लगा। मस्तान मुम्बई का पहला तस्कर था, जिसने तस्करी को संगठित रूप दिया।

तमिलनाडु से मुम्बई

तमिलनाडु के कुड्डालोर इलाके में पनीकुलम गाँव के निवासी मस्तान हैदर मिर्जा के घर 1 मार्च, 1926 को मस्तान का जन्म हुआ था। उस सस्ते से जमाने

में भी गरीब किसान मस्तान हैदर मिर्जा के लिए परिवार का पेट पालना बड़ा मुश्किल होता था।

पैसे कमाने के लिए हैदर मिर्जा बेटे के साथ 1934 में मुम्बई आए। क्रॉफर्ड मार्केट के पास साइकिल किराए पर देने की दुकान खोली। इस दुकान से वे इतना भी नहीं कमा पाते थे कि अपना व बेटे मस्तान का पेट मुम्बई में भर पाते और कुछ पैसे बचाकर घर भी भेज पाते।

हाजी मस्तान
(तस्वीर साभार : सुन्दर शेखर)

सड़क पर बनी इस दुकान में बैठा छोटा सा मस्तान वहाँ से गुजरती कारें देखता तो उसके मन में इनमें सैर करने की इच्छा जागती लेकिन कर क्या सकता था। छोटा सा मस्तान मन मसोसकर रह जाता था। वरदा उसकी दुकान से ही साइकिल किराए पर लेकर दो-तीन घंटे के लिए चलाता था। यहीं से मस्तान और वरदा में दोस्ती पनपी थी।

मस्तान ने बाद में ये धन्धा किसी और को किराए पर दे दिया। उस आदमी से दो-तीन आने मस्तान के पिता को मिलने लग गए थे। ग्राहक तो वही थे, जब उन्हें पता चला कि मस्तान ने धन्धा किसी और को दे दिया है तो सब पूछने लगे कि मस्तान कहाँ गया। काम छोड़ क्यों दिया।

ऐसे में गोदी के एक सुपरवाइजर हाजी साब ने उसे 1944 में 18 साल की उम्र में गोदी में बतौर मजदूर काम पर लगा दिया। हाजी साब कुर्ला से हर दिन वहाँ आते थे। वो भी मस्तान से साइकिल किराए पर लेते थे।

गोदी से पैडर रोड

गोदी में काम करते हुए तमाम कर्मचारियों, अफसरान और वहाँ आने वालों से दोस्ती बनती रही क्योंकि मस्तान का बरताव सबके साथ बहुत ही अच्छा

हाजी मस्तान हैदराबाद में (तस्वीर साभार :सुन्दर शेखर)

होता था। विदेशों से इलेक्ट्रॉनिक्स और सोना-चाँदी की तस्करी करने वालों से भी मस्तान की पहचान बनी।

उन दिनों चूँकि इन सामानों पर देश में लाने की पाबन्दी थी, उन पर भारी कस्टम्स ड्यूटी लगती थी, इन सामानों की तस्करी खासी होती थी। मस्तान को भी लगा कि इसका फायदा वह भी उठा सकता है। सोने के बिस्किट अपने कपड़ों में छुपाकर सुरक्षित गोदी के बाहर ले जाने का काम मस्तान ने शुरू किया। उसे तस्करों से काफी कमाई होने लगी।

जब मस्तान गोदियों में कुली हो गया तो तस्करी के माल के हेरा-फेरी का पता लगा। मस्तान भी कुछ माल पार कर चोर बाजार में बेच देता था। कुछ समय में उसने यात्रियों और तस्करों के माल गोदी से निकालकर सुरक्षित गोदामों तक पहुँचाने के ठेके भी लेने शुरू कर दिए थे।

सेवानिवृत्त एसीपी इसाक बागवान कहते हैं कि जो लोग उन दिनों हज से वापस लौटते थे, वे भी अपने साथ ट्रांजिस्टर, घड़ियाँ जैसे सामान लाते थे। कुछ तो सोने के बिस्किट भी ले आते थे। मस्तान इन्हें गोदी से बाहर निकालने में मदद करता था। अपने कपड़ों, कलाई पर बाँधे रूमाल या कच्छे में छुपाकर ये सामान बाहर ले जाता था। इसके बदले में मस्तान को अच्छी कमाई हो जाती थी।

मस्तान ने 70 के दशक तक तो मुम्बई अपराध जगत में तस्करी का बड़ा और एकच्छत्र साम्राज्य स्थापित कर लिया था। ऐसे में उसे किसी ऐसे बन्दे की जरूरत थी जो उसका माल सुरक्षित गोदामों तक पहुँचाए। मस्तान ने वरदा से हाथ मिलाया और उनका काम खूब चल निकला। अवैध धन्धों की दुनिया में वरदा और मस्तान पूरी तरह छा गए।

एक तरफ मस्तान तस्कर सम्राट बना, दूसरी तरफ वरदा मुम्बई में कत्लोगारत और हफ्तावसूली करने वाला सबसे बड़ा सरमायादार बनकर उभरा।

समन्दर किनारे हाजी मस्तान (तस्वीर साभार : सुन्दर शेखर)

मस्तान कैसे बना तस्कर

मस्तान का जीवन उस समय बदला जब 50 के दशक में दमन के तस्कर सुकुर नारायण बखिया से पहचान हुई। दोनों ने एडेन और दुबई से इलेक्ट्रॉनिक्स और सोने की तस्करी शुरू की। इसके बाद तो कभी मस्तान ने मुड़कर पीछे नहीं देखा। महज पाँच सालों में मस्तान का नाम तस्करों के बीच छा गया। दशक बीतते-बीतते तो मस्तान मुम्बई के तस्करों का सबसे बड़ा नाम बन गया। उसकी जितनी दौलत पाने का ख्वाब तो तब हर इनसान देखता था, और उसके जैसी ताकत का ख्वाब तो तमाम राजनेता भी देखते थे।

हाजी मस्तान की पार्टी का कार्यालय

मस्तान के वक्त में ही तस्करी की दुनिया में यूसुफ पटेल, लल्लू जोगी, सुखनारायण बखिया जैसे सरगना भी पाँव जमाए बैठे थे।

मस्तान ने सभी तस्करों को साथ लेकर एक सिंडीकेट बनाया लेकिन यूसुफ पटेल और लल्लू जोगी ने सोना तस्करी की दुबई में हुई एक बड़ी डील में बेईमानी की, जिससे मस्तान और यूसुफ पटेल दुश्मन बन गए। इस दुश्मनी के चलते मस्तान ने 1971 में करीम लाला को सुपारी देकर यूसुफ को भेंड़ी बाजार में सरेआम कत्ल करवाना चाहा। मुम्बई के संगठित अपराध जगत में किसी की गिरोह युद्ध में हत्या की ये पहली वारदात थी।

1974 मस्तान की जिन्दगी में खासा बदलाव लाया। आपातकाल लगा तो तत्कालीन प्रधानमंत्री इन्दिरा गांधी ने मस्तान को मीसा में जेल भेज दिया। कहते हैं कि मस्तान ने इन्दिरा गांधी को कहा कि वह अपनी रिहाई के बदले इतनी दौलत देगा कि उनके घर से संसद भवन तक सड़क पर नोटों का कालीन बिछ जाएगा। इन्दिरा गांधी ने यह अथाह दौलत ठुकरा दी और मस्तान जेल में ही रहा। आपातकाल के बाद जनता पार्टी की सरकार ने मस्तान समेत देश के 40 तस्करों को माफी दे दी।

अब तक मस्तान को राजनीति के सारे खेल पता चल गए थे। 1984 में महाराष्ट्र के दलित नेता जोगिन्दर कावड़े के साथ दलित–मुस्लिम सुरक्षा महासंघ नामक राजनीतिक दल बनाया। 1990 में इसका नाम बदलकर भारतीय अल्पसंख्यक महासंघ किया।

मस्तान के राजनीतिक दल ने मुम्बई, चेन्नई और कोलकाता के महानगरपालिका चुनावों में हिस्सा लिया लेकिन एक भी सीट न जीत सकी। काले धन का इन चुनावों में खूब इस्तेमाल हुआ था लेकिन पूरा पैसा पानी में बह गया। कहते हैं कि चुनावों में काले धन के खुलेआम इस्तेमाल का जो सिलसिला तब शुरू हुआ था, वह आज भी जारी है।

हाजी और सुन्दर शेखर, सुन्दर शेखर की शादी में (तस्वीर साभार : सुन्दर शेखर)

मस्तान का मानस पुत्र

सुन्दर शेखर को मस्तान ने अपना मानस पुत्र घोषित कर दिया था। सुन्दर शेखर के मुताबिक वो एक दिन सड़क पर खड़ा था और मस्तान उधर से निकले। उन्होंने मुझसे पूछा कि मुझे भूख लगी है तो वो खाना खिला देंगे, मैंने मना कर दिया कि इस तरह से खाना नहीं खा सकता, बदले में कुछ काम करवा लो।

इस पर मस्तान उस छोटे से बच्चे को अपने घर ले गए। लगभग आठ साल की उम्र से मस्तान की सेवा करते हुए पला-बढ़ा सुन्दर शेखर की शादी भी खुद मस्तान ने ही करवाई थी।

फिल्मों का शौक

हाजी वो शख्स था, जिसने सबसे पहले बॉलीवुड में दखलअन्दाजी की। फिल्मों में काला धन लगाने का सिलसिला भी उसी ने शुरू किया। बड़े निर्माता-निर्देशकों के इशारे पर अभिनेता-अभिनेत्रियों को डराने-धमकाने का चलन भी मस्तान ने शुरू किया। रुपहले संसार में मस्तान की दखलअन्दाजी के कई दिलचस्प किस्से हैं।

एक मशहूर अदाकारा, जो देश के मशहूर गायक की पत्नी बनी, फिल्म का सेट छोड़ गायब हो गई। फिल्म निर्माता परेशान हो गया। उसने अभिनेत्री को शूटिंग पर लौटने के लिए बहुत मनाया लेकिन उसके नखरे कम ही नहीं होते थे। अब उसने मस्तान की शरण ली।

मस्तान ने निर्माता से कहा कि वो लड़की काम करेगी, चिन्ता छोड़ दे। हाजी ने तत्काल दुनिया भर में अपने आपराधिक तंत्र सक्रिय किया, वो अभिनेत्री तीसरे दिन सेट पर आ पहुँची।

मस्तान बन्दों ने दरअसल उसे लन्दन में तलाश लिया, जहाँ वो प्रेमी के साथ घूम रही थी। मस्तान के बन्दों ने उसके चेहरे पर तेजाब फेंकने की धमकी दी। बस फिर क्या था, लड़की चुपचाप चेहरे पर रंग रोगन करवाकर शूटिंग के लिए अगले ही दिन हाजिर हो गई।

मस्तान ने अनगिनत गरीब लड़कियों की शादियाँ करवाई। कितने ही बेरोजगारों को काम दिलवाया। मस्तान बेहद धर्मभीरु और नेकदिल इनसान था लेकिन उसे सदा खुद पर लगे तस्कर, डॉन और अपराधी का लेवल हटाने की तलब लगी रहती थी।

मस्तान खूबसूरत लड़कियों पर मोहित हो जाता था लेकिन कभी उनसे निस्बत बनाने के लिए खुद आगे बढ़कर कोशिश नहीं करता था। वह औरतों की बड़ी इज्जत करता था। कभी किसी को बुरी निगाहों से नहीं देखता था।

फिल्मी दावतों में हाजी मस्तान का आना-जाना लगा रहता था। वहाँ उसकी ऐसी आवभगत होती थी, जिसे देख बड़े-बड़े फिल्मी सितारे भी जलन महसूस करते थे। मस्तान की दोस्ती फिरोज खान, राज कपूर, धर्मेंद्र, संजीव

दाएँ से दिलीप कुमार, हाजी मस्तान (तस्वीर साभार : सुन्दर शेखर)

कुमार, दिलीप कुमार, अमिताभ बच्चन, मुकरी, जगदीप जैसे तमाम चमकते सितारों से रही है।

मस्तान की मधुबाला—सोना से शादी

दावतों में जाने और फिल्मों में देख-देखकर मस्तान पर हुस्न की मलिका मधुबाला का ऐसा जादू छाया कि वे उससे निकाह करने के लिए आतुर हो गया। मस्तान ने मधुबाला को कई पैगाम भेजे लेकिन उसने कभी पलटकर जवाब ही नहीं दिया। मस्तान निराश और हताश होने वालों में न था। वह मधुबाला को अपना बनाने की लगातार कोशिशें करता रहा लेकिन वो ऐसी सोन चिरैया थी, जो कभी हाथ न लगी।

जिद्दी मस्तान ने ठीक मधुबाला के चेहरे-मोहरे वाली छोटी सी अदाकारा सोना को अपना बनाया। उसने मधुबाला का गुरूर तोड़ने के लिए सोना को देश की सबसे नामचीन अदाकारा बनाने के लिए कई फिल्में बनाईं। सोना में न तो वह जादू था, न वह अभिनय था, न ही जिस्म मधुबाला-सा था, वो कभी मधुबाला न बन सकी।

मधुबाला की हमशक्ल सोना और हाजी मस्तान
(तस्वीर साभार : सुन्दर शेखर)

हाजी मस्तान (तस्वीर साभार : सुन्दर शेखर)

मस्तान ने सोना की पहली फिल्म 'बदनाम फरिश्ते' बतौर नायिका बनाई थी। मस्तान ने सोहराब मोदी को पैसे देकर 'मीना कुमारी की अमर कहानी' बनवाई, जिसमें सोना ने मधुबाला की भूमिका की थी।

हाजी ने अपने ही पैसों से एक और फिल्म बनवाई, जिसमें सोना के साथ एक भूमिका खुद मस्तान ने भी की थी। मस्तान के जीवन पर बनी ये फिल्म बुरी तरह पिट गई। अपनी पूरी ताकत झोंक देने और अकूत धन बरबाद करने

शादी में करीम लाला व हाजी मस्तान (तस्वीर साभार : सुन्दर शेखर)

के बाद भी मस्तान न कभी सोना को मुख्य धारा की नायिका बना सका, न कभी खुद समाज में वो प्रतिष्ठा हासिल कर सका, जो चाहता था। यह बात जरूर है कि मुम्बइया अपराध जगत का दखल फिल्मोद्योग में बड़े पैमाने पर पैदा करने वाला शख्स कोई और नहीं बल्कि हाजी मस्तान ही था।

सुन्दर शेखर के मुताबिक धर्मेंद्र, फिरोज खान, राज कपूर, संजीव कपूर, दिलीप कुमार हमेशा मिलते थे। सलीम और अमिताभ बच्चन भी दीवार के निर्माण के दौरान हमेशा मस्तान के पास घर पर जाते थे।

करीम लाला और वरदा भाई भी मस्तान के जमाने में ही अपराध जगत में धमक पैदा कर चुके थे। हाजी मस्तान ने राजनीतिक रुतबा हासिल करने के लिए भी खासी जद्दोजहद की थी।

70 के दशक में सरगना हाजी मस्तान ने मुम्बई में ही नहीं बल्कि पूरे देश में वह नाम और दबदबा कायम कर लिया था कि राजनीति से फिल्मोद्योग तक उसका नाम टकसाली सिक्के की तरह चलता था।

मस्तान की एक खूबी ये भी है कि उसने न कभी किसी की हत्या की, न कभी किसी से एक गोली चलवाई, न कभी किसी को चाकू या चॉपर का वार करने दिया। बावजूद इसके वह न केवल काली दुनिया का बेताज बादशाह बना बल्कि लोगों के दिलों पर भी राज करने लगा था।

सफेद डिजाइनर सूट, सफेद टाई, सफेद बूट, सफेद रंग के पट्टे और डायल वाली घड़ी और करीने से कंघी किए बाल, हाथ में सदा 555 सिगरेट की डिब्बी और सफेद मर्सिडीज कार की सवारी करने वाले मस्तान का ये रूप तब फैशन बन चला था। हर छोटा-बड़ा इनसान मस्तान की तरह ही सफेद कपड़े पहनकर खुद को मस्तान समझने की कोशिश करने लगा था।

इसी दौरान उसकी नजदीकियाँ करीम लाला और वरदराजन से बढ़ चलीं।

कानून के लिए मस्तान तो छलावा था। 1974 में पुलिस ने उसे गिरफ्तार किया तो उसे वीआईपी अन्दाज में तमाम सुविधाएँ मिलीं। खाने में सूखे मेवे होते थे। जो वह चाहता उसे मुहैया करवाया जाता।

कानून जेब में रखकर घूमने वाले मस्तान को किसी अफसर से चुनौती मिलती तो उसका तबादला एक आवाज पर हो जाता था। इसके चलते उससे कोई भी पुलिस वाला या कस्टम्स अधिकारी भी उलझने की जुर्रत नहीं करता था।

आखिरी दिनों में मस्तान ने सिर्फ परिवार को वक्त दिया। यही वो एक काम है जो अपनी जिन्दगी में वो नहीं कर पाया था। सदा वह अपने काम में मशगूल रहा। 1994 में हार्ट अटैक से हाजी मस्तान की मौत हो गई।

किस्सा-ए-मस्तान

हाजी मस्तान का उर्फ नाम

मस्तान को उसका ये उपनाम हाजी इसलिए नहीं मिला था क्योंकि उसने हज किया था। वह तो हज के पहले से ही हाजी कहलाने लगा था।

तो फिर ये नाम कैसे पड़ा?

असलियत ये है कि गोदी के जिस सुपरवाइजर हाजी साब ने मस्तान को नौकरी पर लगाया था, उसके नाम पर मस्तान को 'हाजी साब वाला मस्तान' के रूप में पहचाना जाता था। तब गोदी में सात या आठ मस्तान थे। उसे अलग पहचान देने के लिए ही ये नाम आया और धीरे-धीरे सब उसे हाजी मस्तान पुकारने लगे थे।

मस्तान की आँखें

गोदी में ये नियम है कि नये बन्दे को सबसे मुश्किल काम सौंपा जाता है। वो काम ये था कि बड़े जहाजों से सामान उतारने के लिए कोयले से चलने वाले भाप के इंजनों वाली क्रेन में बेलचे से कोयला डालना पड़ता था। कोयला भरने वाले इन लोगों को गोदी में कोली (COLIE) कहा जाता था।

हाजी मस्तान (तस्वीर साभार : सुन्दर शेखर)

उस समय जलता हुआ कोयले की चिंगारियाँ बाहर निकलती थीं, जो कि कोली की आँखों में गिरती थीं। कोली को पुराने कोली सिखाते थे कि चिंगारी आँख में गिरने पर तुरन्त पलक नहीं झपकनी चाहिए, नहीं तो आँख की पुतली जल जाएगी। आँख खुली ही रखे, दूसरा कोली तुरन्त उसकी आँख से चिंगारी वाला कोयला निकाल देगा।

इस चक्कर में लम्बे समय तक आँखें खुली रखने और आग की तपिश के चलते हर कोली की तरह ही मस्तान की आँखों की पुतलियाँ भी काफी बाहर आ गईं।

लोगों के लिए ये आँखें सदा बड़ी रहस्यमयी और डरावनी होती थीं। वे सदा मस्तान की इन आँखों से ही खौफ खाते थे। मस्तान की प्रभावशाली आँखों की असलियत यह थी।

पारसी की अमानत

उन दिनों क्राफर्ड मार्केट में जहाँ दुकान थी, वहाँ कोई छत न थी, धूप हो या बारिश, वहीं बैठना पड़ता था। मस्तान के पास एक पारसी वसई-विरार से आता था। वो मस्तान से ही रोज साइकिल लेकर जाता था। आसपास के तमाम दुकानदारों से पैसों की उगाही करता था। शाम ढले मस्तान को साइकिल वापस देकर चला जाता था। साथ में साइकिल का किराया दे जाता था।

एक दिन वह पारसी आया, सदा की तरह किराए पर साइकिल उठाई। वह पूरे बाजार में दिनभर घूमा लेकिन किसी दुकानदार ने उसे पैसे न दिया। थका-हारा पारसी शाम को लौटा तो चिन्तित था कि मस्तान की साइकिल का किराया कैसे चुकाऊँगा।

परेशानहाल पारसी ने मस्तान के पास आकर कहा, ''मस्तान भाई, आपकी साइकिल का किराया चुकाने के लिए आज पैसे नहीं हैं। उसके बदले मेरा ये छाता रख लो। जब मेरे पास पैसे होंगे तो आकर अपना छाता ले जाऊँगा, आपका पैसा दे जाऊँगा।''

मस्तान को बड़ा बुरा लगा कि पारसी ऐसा क्यों बोल रहा है। उसने कहा, ''पैसे की कोई बात नहीं है, जब भी आप आएँ, दे देना।''

पारसी ने कहा, ''मैं ईमानदार आदमी हूँ, पैसे नहीं दे सकता हूँ तो ये छोड़कर ही जाऊँगा। ऐसे नहीं जाने वाला। ये मेरी अमानत है, सँभालकर रखना।''

मस्तान को उसकी जिद के सामने झुकना पड़ा। छाता रूपी अमानत अब उसके गले पड़ गई। पारसी था कि छाता देकर गया तो कई महीनों लौटा ही नहीं।

एक दिन मस्तान ने उसका छाता निकाला और वहीं धूप से बचने के लिए लगाकर बैठने लगा। जब वह थोड़ा खराब होता तो उसे ठीक करवा लेता ताकि पारसी माँग ले तो उसे वह अच्छा छाता दे सके।

जब गोदी में मस्तान की नौकरी लगी और साइकिल दुकान किराए पर दी तो अपने साथ ही छाता भी ले गया। गोदी में हर दिन वह ये छाता साथ ले जाता और वहाँ बने सीमेंट के एक लैंड बोर्ड के नीचे लटका देता था। जब कभी थोड़ी देर के लिए खाने की छुट्टी होती तो वही बड़ा सा छाता खोलकर बोई से बाँध देता और घंटा भर उसके नीचे एक नींद निकालकर या सुस्ताकर या दोस्तों के साथ थोड़ी देर ताश खेलकर वापस छाता बन्द करके वहीं लटकाकर

काम पर चल देता था। शाम को जाते वक्त अपने साथ ही छाता भी ले जाता था।

उसके कुछ साथियों ने कहा कि ये छाता सुबह से बोर्ड पर लगा दे ताकि वे लोग भी उसके नीचे आराम कर सकें। नेकदिल मस्तान ने ये बात राजी-राजी मान ली।

जब मस्तान ने गोदी में चोरियाँ शुरू कीं...जब तस्करी शुरू की...जब वो बड़ा आदमी बन गया...तब भी मस्तान ने छाता न छोड़ा...सदा उसने छाता अपने साथ ही रखा। उसके मन में ये डर हमेशा बना रहता था कि किसी दिन पारसी आ खड़ा हुआ और अपना छाता माँग लिया तो वो क्या करेगा।

छाता खराब हो गया...पूरी तरह फट गया...तो मस्तान नया छाता खरीदकर साथ रखता था। अमानत में खयानत हो जाए...ये खौफ ऐसा मस्तान के सिर चढ़कर बोला कि अपनी कार में भी वह हमेशा डिक्की में एक छाता रखता ही था। न कभी वो पारसी लौटकर आया...न कभी मस्तान को छाता वापस देना पड़ा...लेकिन मस्तान ने अमानत सदा अपने साथ रखी कि न जाने कब ये वापस करनी पड़ जाए।

छाते ने बचाया मस्तान को

मस्तान के लिए पारसी का वो छाता भले ही बाद में सिरदर्द बना था, लेकिन उसके जीवन का एक अहम हिस्सा भी बन गया था। जब वह गोदी में नया-नया काम करने लगा था, उन्हीं दिनों 15 अगस्त, 1947 को देश आजाद हो गया। चारों तरफ देश की आजादी का जश्न मना। गोदी में भी सबने खूब खुशियाँ मनाईं।

गोदी मजदूरों में शराब पीना बड़ी आम बात थी, ऐसे में उस दिन तो शराब पीने का पूरा मौका था। इसी छाते के नीचे जीवन में पहली बार आजादी मिलने की खुशी में जवान मस्तान ने दोस्तों के साथ शराब पी। वहीं मदहोश दोस्तों के साथ कुछ कहासुनी हुई तो सबसे कमजोर मस्तान के लिए यही छाता हथियार भी बना। मस्तान ने उसी छाते से मारपीट करते अपने साथियों की पिटाई की और उनसे बचकर भाग निकला।

तीन-चार दिनों तक वह डर के मारे गोदी में काम पर गया ही नहीं। बाद में कुछ लोगों ने उनके बीच सुलह करवा दी तो फिर से गोदी में काम पर जाने लगा।

हाजी मस्तान भाषण देते हुए (तस्वीर साभार : सुन्दर शेखर)

गोदी का चूहा

मस्तान को गोदी का चूहा कहा जाता था। इसलिए नहीं कि मस्तान का कद कम था या उसकी हरकतें चूहों जैसी थीं...या फिर उसके जिस्म की कोई बात चूहों से मिलती थी।

वह तो इसलिए गोदी का चूहा कहलाने लगा था क्योंकि गोदी के चप्पे-चप्पे से वाकिफ था। पुलिस और कस्टम्स अधिकारियों की आँख में धूल झोंककर कैसे तस्करी का सामान बाहर निकाल लेता था।

जिस तरह चूहे किसी इमारत के हर कोने की जानकारी रखते हैं, उनके अपने बिल वहाँ होते हैं, आने-जाने के लिए चूहे कई-कई रास्ते बना लेते हैं। ठीक उसी तरह मस्तान भी गोदी में न केवल अन्दर-बाहर आने-जाने के हर रास्ते की पूरी जानकारी रखता था, बल्कि अन्दर ही कुछ ऐसे सुरक्षित ठिकाने या बिल भी बना लिये थे, जहाँ जरूरत पड़ने पर कुछ समय के लिए वह तस्करी का सामान छुपाकर रख लेता था। समय माकूल होने पर वहाँ से माल बाहर निकाल लेता था।

मस्तान की पिटाई

हाजी मस्तान एक बार शराब पीकर गोदी में किसी काम के लिए गया था। वहाँ कुछ पठानों से उसका विवाद हो गया। उन पठानों ने मस्तान को अकेला पाकर बुरी तरह से पीट दिया।

मस्तान उसी हालत में रात ढाई बजे के करीब करीम लाला के ड्रीमलैंड सिनेमाघर के पीछे स्थित घर जा पहुँचा। वहाँ दरवाजा खटखटाने लगा।

करीम लाला को रात को इस तरह से नींद हराम होने पर बड़ा गुस्सा आया। उसने अपने आदमियों को कहा कि देखो, इस वक्त कौन दरवाजा पीट रहा है। नींद खराब कर रहा है।

जब करीम के लोगों ने दरवाजे पर फटेहाल और खून आलूदा मस्तान को देखा तो भागे गए करीम को बताने। उसे घर में ले गए। खून वगैरह साफ किया।

करीम ने पूछा तो मस्तान ने बताया कि कुछ पठानों ने उसकी ये गत बनाई है। पहले तो करीम उस पर बड़ा नाराज हुआ कि क्यों इस तरह से शराब पीकर बाहर घूमता है। कितनी बार समझाया कि शराब बाहर नहीं पीनी चाहिए।

करीम ने अपने बन्दों को रात में ही भेजकर उन तमाम पठानों को उठवा लिया, जिन्होंने मस्तान से मारपीट की थी। सारी रात उन पठानों की ऐसी धुलाई हुई कि चारों तरफ खबर फैल गई कि मस्तान का हाल बिगाड़ने वालों का करीम लाला ने क्या हाल किया है।

उसके बाद मस्तान ने करीम लाला का संरक्षण ले लिया। तमाम लोगों में मस्तान का खौफ छा गया। इसके बाद तो मस्तान गोदी का बेताज बादशाह बन गया।

जॉनी वॉकर ब्लैक लेबल

करीम लाला और मस्तान का सबसे पसन्दीदा शराब का ब्रांड जॉनी वॉकर ब्लैक लेबल थी।

ये लोग यही शराब ही क्यों पीते थे?

विदेशों से जो भी जहाज आते थे। उन पर जहाजियों को मुफ्त में शराब मिलती थी। वे तमाम किस्म की शराब इकट्ठा करके लाते थे। मुम्बई की गोदी में लाकर कुछ अतिरिक्त कमाई के चक्कर में ये शराब बेचते थे। कप्तान गोदी

हाजी मस्तान बँगले के अपने कमरे में (तस्वीर साभार : सुन्दर शेखर)

में जहाजों के लिए अच्छी व्यवस्था करने पर मजदूरों को बतौर टिप शराब की बोतलें देते थे।

यही कारण है कि मस्तान को भी गोदी में ब्लैक लेबल पीने की आदत पड़ी और यह ताउम्र उसके साथ चली। ये बात और थी कि मस्तान शराब कुछ खास ही लोगों के साथ पीता था। वह दावतों में कभी भी शराब नहीं पीता था।

मस्तान का कमरा

मस्तान की कोठी 'बैतूल सुरूर' पैडर रोड पर सोफिया कॉलेज के ठीक सामने बनी हुई है। इस कोठी की छत पर 20×10 फुट के आकार का लम्बा सा एक कमरा बना हुआ था। उसी से लगा हुआ एक बाथरूम था। उसके बाहर खुली छत पर कुर्सी और टेबल रखी रहती थीं। वह सदा उसी कमरे में रहना पसन्द करता था। यहीं पर वह उन लोगों से भी मिलता था, जो उसके खास होते थे।

घर में नीचे सदा लोगों का तांता लगा रहता था। गरीबों के लिए तो एक तरह से वहाँ लंगर ही लगा रहता था। कोई भी उसके घर आता तो खाने के वक्त में उसे बिना भोजन के नहीं जाने दिया जाता था।

मस्तान के कमरे में एक पलंग के अलावा लम्बी सी लकड़ी की बेंच थी, जिस पर रुई का गद्दा था। एक आरामकुर्सी लगी होती थी। इस कमरे में कोई तामझाम न था। बेहद सादा सा कमरा था। उसमें किसी किस्म की कोई सजावट नहीं होती थी।

मस्तान के कमरे में पहले एक सादा सा पंखा ही लगा था। बाद में उसके मानस पुत्र शेखर सुन्दर के कहने पर एक एयरकंडिशनर लगा था। हाजी कहता था कि इस कमरे में रहकर वह अपनी जड़ों से जुड़ा रहता है।

पानी से डरने वाला मस्तान

मस्तान ने सारा जीवन समन्दर के करीब पानी से करोड़ों की दौलत कमाई थी। लेकिन सच तो यह था कि वो पानी से बेहद डरता था। मस्तान कभी भी पानी में नहीं जाता था।

मस्तान सदा यही कोशिश करता था कि उसे किसी नाव या जहाज की सवारी न करनी पड़े। उसे तो बस दूर से ही पानी देखने का शौक था।

यही कारण है कि उसने छत पर अपने लिए एक कमरा बनवाया था। इतना ही नहीं उसे हवाई जहाज में भी सफर करने से भय लगता था।

कराची के सुपारी हत्यारे

यूसुफ पटेल की हत्या करवाने के लिए हाजी मस्तान ने सुपारी हत्यारों को ठेका दिया था। तो इसमें नयी बात क्या थी?

हाजी मस्तान (तस्वीर साभार : सुन्दर शेखर)

दो नयी बातें हुई थीं।

पहली तो यह कि तब तक किसी भी गिरोह सरगना या तस्कर ने अपने विरोधी की हत्या करने या करवाने के लिए किसी को सुपारी नहीं दी थी।

दूसरी यह कि सुपारी हत्यारे भारत के किसी कोने से नहीं बल्कि पड़ोसी देश पाकिस्तान के शहर कराची से आए थे। ये संख्या में दो थे।

एक जगह, जहाँ यूसुफ शराब पीने जाता था, वहाँ इन हत्यारों ने यूसुफ पर गोलियाँ चलाईं लेकिन देवयोग ऐसा बना कि वह बच गया। एक सुपारी हत्यारे को यूसुफ के साथियों ने चाकू मार दिया और वह मौके पर ही पकड़ा गया। उसे घायल हालत में अस्पताल ले जाना पड़ा था। बाद में दूसरा सुपारी हत्यारा भी पकड़ा गया। दोनों सुपारी हत्यारे पकड़े तो गए लेकिन उनकी जबान से यह बात नहीं निकली कि हाजी मस्तान ने उन्हें हत्या की सुपारी दी है।

बाद में यूसुफ और मस्तान के बीच मांडवली हो गई। करीम लाला ने उनके बीच सुलह करवाई थी। मामला अदालत में टिक न सका क्योंकि सबूत नहीं दे सके थे। खुद यूसुफ पटेल भी मुकर गया कि उसने हत्यारों की शक्ल देखी थी। उसके गवाहों ने भी हमलावरों को पहचानने से इनकार कर दिया था।

दोनों सुपारी हत्यारों को अदालत ने कुल 45 दिनों में ही रिहा कर दिया। उन्हें मुम्बई पुलिस ने बाकायदा कराची डीपोर्ट करवाया था।

विमान से तमिल अखबार

मस्तान को उर्दू, अंग्रेजी या हिन्दी पढ़नी नहीं आती थी। दुनिया की खबरें पढ़ने का शौक होता था। मुश्किल यह थी कि उस जमाने में तमिल भाषा ही जानता था।

उस समय 9.55 मिनट पर इंडियन एयरलाइंस की रोजाना एक उड़ान मुम्बई पहुँचती थी। उसी में तमिल भाषा के तीन–चार अखबार रोजाना मुम्बई हवाई अड्डे पर पहुँचते थे। हर दिन वहाँ मस्तान का एक बन्दा खड़ा रहता था। अखबार आते ही वह मस्तान के पैडर रोड स्थित घर की तरफ भागता था।

कुछ साप्ताहिक पत्रिकाएँ और अखबार भी उसी उड़ान से हर सप्ताह आते थे। मस्तान का नियम था कि जब अखबार घर पहुँचते थे, वो पूरे अखबार की सुर्खियाँ देख लेता था, उसके बाद ही खाना खाता था। किसी कारण अगर अखबार देर से पहुँचते थे तो मस्तान दोपहर का खाना भी देरी से ही खाता था।

हाजी–वरदा का अखबार

वरदा की भी हालत यह थी कि उसे भी तमिल के अलावा कोई और भाषा पढ़नी नहीं आती थी। जब मस्तान और वरदा की दोस्ती हुई तो एक नया समीकरण भी बना।

वरदा को पता चला कि मस्तान के लिए हर दिन विमान से अखबार आते हैं। दोनों के बीच एक दिन बात हुई कि हर दिन क्यों विमान से अखबार मँगाए जाएँ। इससे तो बेहतर है कि मुम्बई में ही तमिल अखबार निकाला जाए। तो फिर तय हो गया।

सायन कोलीवाड़ा के वरदा राज नगर में एक जगह तैयार कर मराठिया मरासू नामक एक अखबार शुरू हुआ। उस अखबार के पहले सफे पर मास्ट हेड के दोनों ओर ईयर पैनल में बाईं तरफ हाजी मस्तान का तो दाईं तरफ वरदा का फोटो छपा था।

मस्तान के पत्रकार दोस्त

हाजी मस्तान ने मराठिया मरासू नामक अखबार शुरू किया था। उसके पहले तक मस्तान की स्थिति यह थी कि वो अखबारों में जिन पत्रकारों के नाम छपते

मूक मोर्चा निकालते हाजी मस्तान और साथी (तस्वीर साभार : सुन्दर शेखर)

थे, उनसे बड़ा खौफ खाता था, उनके प्रति झिझक भी रखता था। वह अखबारनवीसों को बहुत बड़ा व्यक्ति मानता था।

जब हाजी मस्तान ने खुद अखबार निकाला तो उसकी पत्रकारों से बातें होने लगीं। धीरे-धीरे उसकी झिझक पत्रकारों के मामले में मिटने लगी। उसके मन से कलम-दवातियों का खौफ भी जाता रहा। उसके बाद वह तमाम अखबारों के सहाफियों से दोस्ती करने लगा।

वह खुलकर स्वीकार भी करता था कि उसके मन में सहाफियों के बारे में कितना खौफ और झिझक थी।

दिलीप कुमार ने पाँव छुए!

एक अंग्रेजी अखबार में श्वेत-श्याम तस्वीर छपी थी। उसमें सूट पहने हुए दिलीप कुमार दिख रहे हैं। पास में सूट पहने हुए हाजी मस्तान खड़ा है। इसमें दिख रहा था कि दिलीप कुमार जैसा सुपर स्टार हाजी मस्तान के पाँव छू रहा है। सारा संसार यह फोटो देखकर चौंक गया। हंगामा मच गया।

सब चकित थे कि आखिरकार ऐसा क्या हो गुजरा कि दिलीप कुमार को हाजी मस्तान के पाँव छूने पड़ रहे हैं।

बाद में इसकी असलियत खुद हाजी मस्तान ने ही बताई कि असल में दिलीप कुमार के हाथों से एक सेब गिर गया था, वही उठाने के लिए वे झुके...और ठीक उसी समय पर कैमरे ने इस कोण से तस्वीर उतार ली कि लोगों को भरम हो गया कि उसके पाँव छुए जा रहे हैं।

हाजी मस्तान (तस्वीर साभार : सुन्दर शेखर)

मस्तान की बाय-बाय

पूर्व पुलिस महानिदेशक टी. श्रृंगारवेल बताते हैं कि एक कस्टम्स अधिकारी ने मस्तान को बेहद परेशान कर दिया। मस्तान ने उसे कई बार कहा कि वो उसे परेशान न करे, उसे जो भी चाहिए, वह देगा।

अफसर था कि बेहद सख्त मिजाज और ईमानदार, वह किसी भी हालत में मस्तान की दौलत के सामने नहीं झुका। आखिरकार हाजी मस्तान ने अपने ऊँचे सम्पर्कों के जरिए उस कस्टम्स अधिकारी का तबादला ही करवा दिया।

जब वो अफसर विमान से उस जगह जा रहा था, जहाँ उसका तबादला हुआ था, मस्तान बाकायदा विमानतल पर हवाई जहाज की सीढ़ियों तक गया। उस पर चढ़ते अधिकारी को हाथ हिलाकर बिदाई दी।

मस्तान के ऐसे रसूख और दबदबे का ये खेल देखकर कोई भी दंग रह जाता था।

मस्तान का ईमान

सुन्दर शेखर एक किस्सा याद करते हैं कि एक बार मस्तान को एक बन्दे ने सोने की एक खेप गोदी के बाहर पहुँचाने के लिए दी। मस्तान तो अपने तरीके से सारा सोना लेकर बाहर निकल गए लेकिन सोने का तस्कर किसी कारण पुलिस और कस्टम्स अफसरान के हत्थे चढ़ गया। उसे तीन साल की सजा हो गई।

मस्तान ने सारा सोना अपने पास सुरक्षित रखा। जब वह बन्दा जेल से बाहर आया तो सारा सोना उसे जस का तस वापस कर दिया।

मस्तान की इस ईमानदारी का वह बन्दा ऐसा कायल हुआ कि उसके बाद कभी भी किसी और के साथ उसने सोने की तस्करी का काम नहीं किया।

सुन्दर शेखर के मुताबिक संजय गांधी जब भी मुम्बई आते थे, ऐसा कभी नहीं होता था कि मस्तान से नहीं मिलते हों।

जेल की गरीबी

जब मस्तान को गिरफ्तार कर जेल में ठूँस दिया और वह 18 माह तक जिन हालात में रहा, उसने मस्तान का जीवन और तौर–तरीके पूरी तरह से बदलकर रख दिए थे।

हाजी मस्तान किताब में मशगूल (तस्वीर साभार : सुन्दर शेखर)

सुनील दत्त के साथ हाजी मस्तान (तस्वीर साभार : सुन्दर शेखर)

पहले मस्तान के तौर-तरीके बड़े ही अलग होते थे। दाग लगा हो तो उस कुर्सी पर मस्तान बैठता तक न था। कहीं बदबू आ रही हो तो भी वहाँ मस्तान क्षण भर नहीं रुकता था। लेकिन जेल में चाहे राजा हो या रंक, हालात बड़ी बुरी होती है। इन हालात ने मस्तान को बदलकर रख दिया था।

मस्तान कहता था कि जिन्दगी की गरीबी तो मैंने बहुत देखी लेकिन जेल की गरीबी खुदा किसी को न दिखाए। वहाँ तो जैसे हालात थे, उसके चलते मस्तान भी हिलकर रह गया।

पहली बार मस्तान के मन में किसी बात का खौफ पैदा हुआ था। उसने जनता पार्टी के नेता जयप्रकाश नारायण के सामने समर्पण कर दिया और तस्करी से तोबा कर ली। इसके बाद वह हज पर गया और अधिकृत तौर पर उसके नाम के साथ हाजी लगाया।

वित्त मंत्री का धरना

पूर्व पुलिस महानिदेशक टी. श्रृंगारवेल बताते हैं कि 1974 में जब मस्तान को पुलिस ने गिरफ्तार किया था, दोनों पुलिस अफसरान ने मस्तान के साथ ऐसा

सलूक किया था, मानो वे किसी राजा–महाराजा के साथ जा रहे हैं।

कोल्हापुर में जब रात हुई तो मस्तान सफेद झक कपड़ों में मजे से वहाँ सूखे मेवे खा रहा था।

मस्तान की गिरफ्तारी के लिए तत्कालीन केंद्रीय राज्य वित्त मंत्री को तो धरने पर ही बैठना पड़ गया था।

दमन का दबंग लल्लू जोगी

देश में सोने की तस्करी शुरू करने वाले तीन लोगों के नाम आज भी लिये जाते हैं, उनमें से एक है लल्लू जोगी। पूरा नाम है लल्लू भाई जोगी भाई पटेल। मुम्बई और गुजरात के बीच हरियाली से पटा पड़ा खुले समन्दर के किनारे बसा मनोरम इलाका दमन-दीव दो ही बातों के लिए पहचान रखता है। पहला तो है पर्यटन, दूसरा है तस्करी।

60 से 80 के दशक तक इस इलाके में लोग सस्ती शराब पीने और अलसाए माहौल में प्रकृति की गोद में चन्द पल शान्ति से बिताने आते रहे हैं। उन्हें यह नहीं पता होता था कि उनके आसपास ही सैकड़ों करोड़ रुपए की सोने-चाँदी-इलेक्ट्रॉनिक्स-कपड़ों की तस्करी जारी है। इन पर्यटकों को कभी भी किसी तस्कर से समस्या नहीं होती थी। वे अपना काम बेहद खामोशी से करते थे, न पुलिस को भनक लगती, न कस्टम्स को पता चलता, न सीआईडी और सीबीआई के कानों तक कुछ पहुँच पाता। यह काम बेहद शातिराना तरीके से दमन के तीन तिलंगे करते थे।

ये थे भाणा भाई पटेल उर्फ दाना भाई, लल्लू जोगी और सुकुर नारायण बखिया।

भाणा भाई पटेल देश का पहला सोना तस्कर माना जाता है। लल्लू जोगी को सोना तस्करी के मामले में 'दमन का दबंग' कहते हैं। बखिया को 'सोना तस्करी का बादशाह' कहा जाता है। सच कहा जाए तो हाजी मस्तान समेत

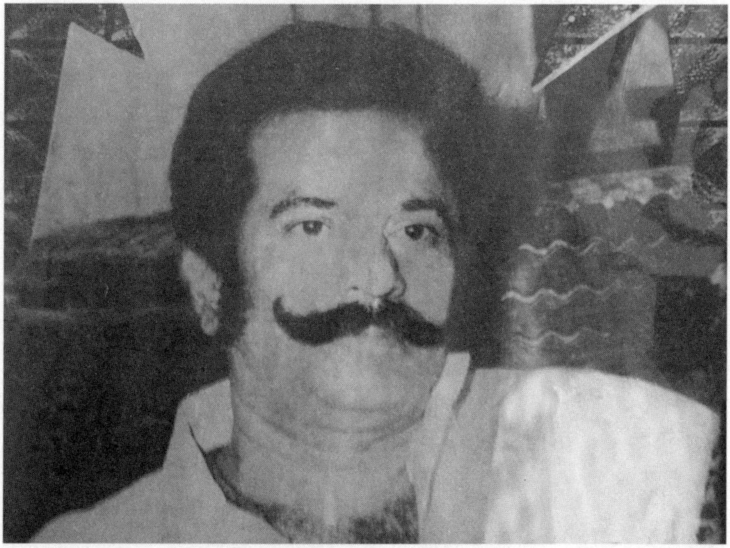

लल्लू जोगी (तस्वीर साभार : नीलम पटेल)

बाकी सारे सोना-चाँदी व अन्य सामान के तस्करों की कहानियाँ और जीवन इन तीनों के बाद ही शुरू होता है।

इन तीनों में लल्लू जोगी की कहानी और भी नायाब है। दमन का यह युवक एक देशभक्त होता था। लोगों के सुख-दुख में साथ देने वाला एक ऐसा इनसान होता था, जिसके लिए जान कुर्बान करने के लिए भी लोग तैयार रहते थे, जिसकी दानवीरता के किस्से दूर-दूर तक प्रचलित थे। इसीलिए लोग उसे पुकारते थे 'दमन का दबंग'।

अविश्वसनीय

वह पत्रकार खूब शोर सुना करता था मुम्बई में कि दमन का दादा कोई है तो वो लल्लू भाई जोगी ही है। उसकी मोटी-मोटी आँखों और मूँछों का ऐसा रुआब है कि आज भी उसके सामने आने के नाम पर लोगों को पेशाब छूटने लगता है। उसे हमेशा लगता था कि यह इनसान देखने में कैसा होगा, उससे मिलने पर क्या अनुभव होगा। लल्लू जोगी के बारे में सैकड़ों किस्से सुनता

लल्लू जोगी जवानी में (तस्वीर साभार : नीलम पटेल)

रहा। कभी मुम्बई में, कभी गुजरात के दीगर शहरों में, कभी दमन में।

उससे मिलने की इच्छा इस कदर प्रबल हो चली कि जुगाड़ लगाना शुरू कर दिया। पता किया कि लल्लू जोगी का करीबी कौन है। उसके पास तक कैसे पहुँचा जा सकता है।

कुछ मेहनत की तो रास्ता बन गया। एक दिन अपने मित्रों व कैमरे के साथ दमन जा पहुँचा। एक होटल में शरण ली। स्थानीय मित्र ने उसी दिन लल्लू जोगी के सामने पहुँचाने का वादा किया। उसकी खुशी का ठिकाना न रहा।

जब दमन की मुख्य सड़क पर बने तीन मंजिला भव्य बँगले के सामने पहुँचा तो लगा कि हाँ, यह जगह ऐसे नामी बन्दे की ही हो सकती है।

सबको मुख्य दरवाजे के बाहर छोड़कर वह मित्र बँगले में गुम हो गया। लगभग आधे घंटे बाद लौटा तो बँगले के मुख्य दरवाजे से अन्दर बगीचे में ले आया लेकिन अन्दर नहीं ले गया। पोर्टिको में एक कार खड़ी थी, वहीं इन्तजार करने के लिए कहकर ऊपर जाती पुरानी शैली की सीढ़ियों से वह पहली मंजिल पर चला गया।

आधा घंटा इन्तजार के बाद वह फिर अवतरित हुआ। अब सब ऊपर जा सकते थे। हम पहली मंजिल पर पहुँचे। एक कमरे में अन्ततः सब पहुँचे तो सामने लल्लू जोगी मौजूद था।

उसे देखकर वह पत्रकार धक से रह गया।

ये क्या?

एक असहाय और लाचार बुजुर्ग बड़े से पलंग पर बैठा दिखा। सफेद रंग की बनियान और नीले रंग की चौखाने वाली लुंगी पहने हुए। हफ्ते भर की सफेद दाढ़ी चेहरे पर छाई हुई। पूरा चेहरा और शरीर झुर्रियों से पटा पड़ा था। क्या यह था लल्लू जोगी?

ये तो खुद चार कदम चल ही नहीं सकते थे। उनकी पीठ और पाँवों को ताकत व सहारा देने के लिए एक हार्नेस लगाना पड़ता था। भरोसा ही नहीं हुआ कि ये लल्लू जोगी है। लगा एक सपना बिखर गया।

खैर, कमरे की बाहरी दीवार पर टँगा दमन क्रान्ति के सेनानी लल्लू भाई जोगी के कमरे में आ पहुँचने का अहसास फिर जाग उठा। उससे बातचीत शुरू की।

पहले तो वह काफी सँभलकर बात करता रहा। तीन दिनों तक बातचीत की कोशिश जारी रही लेकिन कुछ खास निकला नहीं। वो गुजिश्ता जिन्दगी के जर्जर पन्ने पलटने के इच्छुक नहीं लगा। बस इतना हुआ कि मुलाकात का सिलसिला बन चला। उसके आसपास रह चुके कुछ लोगों से इन तीन दिनों में मिलना होता रहा ताकि लल्लू जोगी की तमाम जानकारियाँ समेट सकें। तीसरी रात वापस मुम्बई लौट आए।

आठ माह गुजर गए।

लल्लू जोगी आज (तस्वीर : विवेक अग्रवाल)

इस बीच लल्लू जोगी के पास पत्रकार के दोस्त लगातार जाते रहे। अपने माझी में ले जाने के लिए तैयार करते रहे।

इन्तजार खत्म हुआ। एक दिन पत्रकार को दोस्तों ने बताया कि लल्लू जोगी मिलना चाहता है। साजो-सामान तैयार कर फिर दमन जा पहुँचे।

इस बार लल्लू जोगी खुलकर मिला। उसकी तबीयत भी ठीक लग रही थी। अपने कमरे से उठकर बाहरी कमरे में आ बैठा, जहाँ सूर्य देवता अपनी किरणें अन्दर तक पहुँचा रहे थे।

पंखा तेज करवाकर एक कुर्सी पर आराम से बैठने के बाद लल्लू जोगी ने सवाल दागा, ''विवेक अग्रवाल नाम है तुम्हारा?''

''जी हाँ। इसी नाम से दुनिया जानती है बन्दे को।''

''क्या करते हो?''

''पत्रकार हूँ, अखबार में लिखता हूँ। एक किताब लिख रहा हूँ। आपके बारे में जानना चाहता हूँ।''

''क्यों?'' लल्लू जोगी ने सन्देह भरी निगाहों से पत्रकार को देखा।

''अपनी किताब में आपके बारे में लिखूँगा।''

"मेरे बारे में क्यों?" लल्लू जोगी ने अपने नाती को देखते हुए पत्रकार से सवाल किया।

"क्योंकि लल्लू भाई जोगी भाई पटेल की कहानी सबसे अलग है। वह एक दमन की आजादी का सिपाही पहले है, उसकी कोई और पहचान बाद में बनी है। वह सब जो कोई और नहीं जानता, सब कुछ उसी की जुबानी सामने आए तो उससे अच्छा क्या हो सकता है।" पत्रकार ने बेझिझक कहा।

यह सुनकर लल्लू जोगी खुश हो गया। शायद किसी ने बहुत समय बाद उसे याद दिलाया था कि वह सोना तस्कर और खूँखार अपराधी नहीं, आजादी का एक सिपाही भी रहा है। अब तो उसने खूब बातें कीं। कैमरे से भी मुखातिब हुआ।

यह आठ महीने पुराना लल्लू जोगी न था। चहकता और खुशी से भरा इनसान बाहर निकल आया था। बिन्दास बातें करता हुआ। खुले मन और दिल से बोलता हुआ। अब पूरा लल्लू जोगी हमारे सामने था। वही आपके सामने है।

इतालवी माफिया : लल्लू जोगी

लल्लू जोगी की कहानी बहुत कुछ इतालवी माफिया जैसी है। इटली का माफिया भी आजादी के दीवानों की एक टोली का नाम था। इटली के माफिया संगठन ने जिस तरह फ्रांस से देश को आजादी दिलाई, फिर सरकार बनाता है, फिर भ्रष्ट हो जाता है, और फिर पूरी दुनिया के सबसे खतरनाक संगठित गिरोह के रूप में उभरता है, ठीक उसी तरह लल्लू जोगी भी पुर्तगालियों से दमन-दीव की आजादी की लड़ाई लड़ने वाले महानायकों से तब्दील होकर बेहद संगठित सोना तस्करी संगठन का सरताज बन जाता है।

लल्लू जोगी के पिता दमन के किनारों से नाव लेकर गहरे समन्दर में मछलियाँ पकड़ने जाते थे। कहा जाता है कि युवा लल्लू भी उनके साथ मछली का शिकार करने के गुर सीख रहा था। तो अचानक क्या हुआ कि वो पुर्तगालियों के खिलाफ हथियार लेकर खड़ा हो गया?

इस बारे में लल्लू जोगी का कहना है कि उनके चाचा को पुर्तगालियों ने बिना वजह गिरफ्तार कर लिया था। इससे नाराज होकर उसने भी पुर्तगालियों के अत्याचारों और बुरे शासन के खिलाफ हथियार उठा लिये और तनकर खड़ा हो गया। उसने साथियों को जोड़ा और पुर्तगालियों की किलेबन्दी लगातार भेदने लगा।

संघ प्रदेश दमन एवं दीव प्रशासन

क्रम संख्या : 67

सत्यमेव जयते

प्रमाण पत्र

यह प्रमाणित किया जाता है कि श्री लल्लूभाई जोगीभाई पटेल,
मारवाड़, नानी दमन

ने पुर्तगाली प्रशासन से दमन एवं दीव को मुक्त कराने के लिए स्वतंत्रता संग्राम में सक्रिय रूप से भाग लेकर प्रशंसनीय योगदान दिया ।

दिनांक :

समाहर्ता
जिला दमन

प्रशासक
संघ प्रदेश दमन एवं दीव

लल्लू जोगी का प्रमाण पत्र (तस्वीर साभार : नीलम पटेल)

इस शानदार बँगले की दीवार पर टँगा संघ प्रदेश दमन-दीव का प्रमाण पत्र प्रतीक है कि लल्लू जोगी ने देश की सेवा की लेकिन आज लोग उसे 'दमन के दबंग' के रूप में जानते हैं। लल्लू जोगी से इस पर बात करें तो वे खुश हो जाते हैं।

लल्लू जोगी बताते हैं कि किस तरह उसने चन्द साथियों के साथ मिलकर पुर्तगालियों पर बमबारी की, गोलीबारी की, किस तरह उनकी मदद के लिए लोग आगे आते, किस तरह दमन-दीव की आजादी हेतु लड़ाई में जुटे रहे।

लल्लू जोगी के मुताबिक उसने अपने साथियों को लेकर एक दल तैयार किया था। यह दल लगातार पुर्तगालियों की नाक में दम करता रहा। आसपास के तमाम गाँवों के निवासियों का उन्हें न केवल अच्छा सहयोग था बल्कि आर्थिक मदद भी मिलती थी। उन्हें शरण देने के लिए दमन-दीव के जंगल तो थे ही। खाड़ियों के अन्दर घुसने में तब पुर्तगालियों के पसीने छूट जाते थे।

लल्लू जोगी और उसके साथी इन खाड़ियों से निकलकर अचानक सामने आते, पुर्तगालियों पर हमला करते, उन्हें मार गिराते, हथियार-गोला-बारूद, धन-सम्पत्ति, घोड़े लूट ले जाते।

लल्लू जोगी को जानने वाले बताते हैं कि उनके सहयोगी बाबा भाई, गुलाब भाई वगैरह मिलकर पुलिस की जीप उड़ा देते या आग लगा देते थे। थानों पर हमले करते थे। उन्हें आग के हवाले कर देते थे।

दमन में आजादी के दीवानों ने इस कदर उत्पात मचाया कि पुर्तगाली हैरान हो चले। पेड़ों पर, अदालत परिसर में, थिएटरों पर, यहाँ तक कि थानों के बाहर भी चुपचाप तिरंगा लगाकर भाग जाते। क्रान्तिकारियों के उत्साह के सामने पुर्तगालियों का मनोबल टूट चुका था। उन दिनों आजाद गोमान्तक दल बहुत सक्रिय था।

'आजाद गोवा' नारे के तहत दमन की आजादी के दीवाने एकजुट थे। उसी दौरान गोवा में लोहिया ने 'आजाद हिन्द' का नारा उछाल दिया, जो क्रान्तिकारियों का मूल मंत्र बन गया। इस नारे और 'आजाद गोवा' पर्चे ने आग लगा दी।

उस दौरान युवा लल्लू जोगी क्रान्ति के पर्चे बाँटता था। इसी चक्कर में लल्लू जोगी के चाचा बीका जीवन भाई पटेल उर्फ जीवन मरबड़वाला को पुर्तगालियों ने धर दबोचा और गोवा अदालत ने निर्दोष करार देकर रिहा कर दिया लेकिन दो दिन बाद ही उनकी मौत हो गई।

इससे लल्लू जोगी बुरी तरह गुस्से में भर गया। उसने मरवड और देवका के बीच पुलिस थानों के तार काट दिए। सम्पर्क का वह एकमात्र जरिया था। यहाँ से लल्लू वापी भाग गया। नगर हवेली पुलिस में शामिल हो गया। रायफल चलाने समेत तमाम प्रशिक्षण लिये। कुछ दिन नौकरी कर लल्लू जोगी वापस दमन आया।

दमन पुलिस अधिकारियों को पता चला कि उन्होंने दमन पुलिस में नौकरी के लिए कहा। लल्लू जोगी ने इनकार कर दिया। दमन आते ही लल्लू जोगी को पुलिस ने धर दबोचा। दमन थाने में दस दिन तक लल्लू जोगी को हाथ-पाँव में हथकड़ी-बेड़ी डालकर रखा। एक दिन लल्लू जोगी हथकड़ी बेड़ी निकालकर भाग निकला। उन दिनों वापी पुलिस प्रभारी पुर्तगाली मि. गिज्जर था।

कहते हैं कि भीखू भाई को मि. गिज्जर अच्छी तरह जानते थे। उन्होंने कहा कि लल्लू जोगी को गिरफ्तार न करें। उनके कहने पर लल्लू जोगी को पुलिस ने नहीं पकड़ा। कहते हैं कि लल्लू जोगी इसके बाद शान्त हो गया।

धार्मिक लल्लू जोगी

लल्लू जोगी के बारे में सब यही कहते हैं वह सदा से बेहद धार्मिक व्यक्ति रहा है। उसने इलाके के एक मन्दिर का जीर्णोद्धार करवाया था। पहले वह मन्दिर बेहद खस्ता हालत में था। वहाँ एक छोटा सा मन्दिर था। उसे भव्य रूप दे दिया।

यही नहीं, वहाँ अविरल बहती धारा वाला एक सोता है, जिस पर बावड़ी का निर्माण करवाया ताकि बाहर से आने वाले लोग उससे पानी लेकर पी सकें। स्थानीय नागरिक बताते हैं कि इस बावड़ी के बनने से पहले सारा पानी बह जाता था। वहीं बने श्मशान घाट में आने वालों के लिए शुद्धिकरण के लिए भी जल नहीं होता था। इस बावड़ी के बन जाने से लोगों को बड़ा फायदा हो गया।

इस मन्दिर में आज तमाम तरह के आयोजन होते हैं। वहाँ के पुजारी से बात करने की कोशिश की तो वह पहले तो लल्लू जोगी के बारे में बताने लगा। उसकी पत्नी पास बैठी सुन रही थी। जब उसे समझ आया कि पंडित जी तो लल्लू जोगी की बात कर रहे हैं, घर के चबूतरे पर बैठी पंडिताइन वहीं से चीखी। पंडित को ऐसी घुड़की पिलाई कि कुछ तो लल्लू जोगी का डर सिर चढ़कर बोलने लगा, कुछ पंडिताइन का। वो ऐसा घबराया कि आगे बोलने से इनकार करके घर में जा घुसा।

पंडित का घर-मन्दिर

लल्लू जोगी की जमीन पर एक मन्दिर भी एक पुजारी ने बना लिया। वह हाथ जोड़कर कुछ जमीन माँगने लल्लू के पास पहुँचा कि उसे रहने के लिए एक झोंपड़ा बनाना है। लल्लू ने कहा कि ठीक है, बना लो लेकिन वहाँ घर के आसपास चहारदीवारी नहीं बनाना। पुजारी ने हाथ जोड़ दिए। उसकी बात मान ली।

धीरे-धीरे पुजारी ने पहले तो अपना एक छोटा सा झोंपड़ा बना लिया। उसे धीरे-धीरे पक्का करते हुए बड़ा करता रहा। साथ ही इस जमीन पर एक मन्दिर भी बना लिया। लल्लू को यह तो पता था कि पंडित क्या गुल खिला रहा है लेकिन उसने मन्दिर बनाने को लेकर कभी आपत्ति दर्ज नहीं की। धर्म के मामले में लल्लू कभी किसी को किसी चीज के लिए मना नहीं करता था।

लल्लू जोगी गणपति प्रतिमा के साथ (तस्वीर साभार : नीलम पटेल)

लल्लू जोगी की सम्पत्ति

दमन में जहाँ भी नजर डालें, प्रकृति ने हरित वैभव जी भरकर लुटाया है। ऐसा ही हरा-भरा बागान लल्लू जोगी का भी है। इस बागान का एक सिरा सीधा बाजार तक आता है तो दूसरा गहरे समन्दर में खुलता है। वहाँ से आने वाली खाड़ियों से दो धाराएँ सीधे उसके बागान में बने बँगले के करीब तक पहुँचती हैं।

छोटी और उथली धारा से छोटी और चपटे पेंदे वाली नौकाएँ सीधे बँगले तक जा पहुँचती थीं। एक बड़ी धारा भी है, जिससे होकर बड़े आकार की नौकाएँ सीधे घर तक जाती थीं। इस बँगले के आसपास फटकने की इजाजत भी किसी को न थी।

लल्लू जी नी वाड़ी नाम से मशहूर इस हरे सोने से पटी पड़ी जमीन का आकार कुल 178 एकड़ था। इसे मोटी कीमत पर मुम्बई के एक बिल्डर को लल्लू जोगी बेच चुके हैं। यह बताने के लिए कोई तैयार न हुआ कि सौदा कब हुआ था। क्यों ? पता नहीं।

इस बागान में नारियल के लगभग दस हजार और सुपारी के लगभग एक हजार पेड़ होने की बात स्थानीय लोग बताते हैं। अन्दर ही मीठे पानी का कुआँ है। एक शानदार बँगला भी है। कई कमरे हैं इस बँगले में। इसी के बाहर बने अस्तबल में लल्लू जोगी का घोड़ा रहता था। आज भी वहाँ सफेद रंग का एक घोड़ा बँधा दिखता है, जो वर्तमान मालिक का है।

वाड़ी को लेकर आज भी तमाम किस्से गाँव में प्रचलित हैं। एक बन्दा बताता है कि आज भी वाड़ी में अगर खुदाई करें तो काफी सारा सोना मिल सकता है। गाँव वाले मानते हैं कि वक्त-वक्त पर वहाँ लल्लू जोगी कस्टम्स और पुलिस से बचाने के लिए तस्करी का सोना छुपाता रहा है।

आज जिस बँगले में लल्लू जोगी रहता है, उस पर एक रैंप बना था। यह बँगले की पहली मंजिल तक जाता था। इस रैंप के जरिए लल्लू जोगी की लम्बी कार सीधे पहली मंजिल पर उसके कमरे के बाहर जा रुकती थी। दूसरी तरफ से कार सीधे सड़क पर आ पहुँचती थी।

और हाँ। लल्लू जोगी की बाकी सम्पत्तियों के बारे में किसी को कुछ खास नहीं पता, कितनी हैं, कहाँ-कहाँ हैं।

लल्लू की दबंगई

कहते हैं कि लल्लू की ऐसी दबंगई का दौर था, जब वह अपनी जीप पर सवार होकर सड़क से निकलता था, तो लोग उसे पलटकर नहीं देख सकते थे। यदि ऐसा कोई करता था उसकी शामत ही आ जाती थी। जो भी उसे पलटकर देख लेता था, उसकी खासी पिटाई होती थी।

उसकी धमकियों से डरकर आधे गाँव वाले तो भाग ही गए थे। जहाँ-जहाँ से उसकी नावें जाती थीं, उन इलाकों के निवासियों के झोंपड़े हटा देते थे। उन्हें गाँव के अन्दर की तरफ रहने के लिए भेज दिया। रात को पठानी लोगों का पहरा लगता था। लगभग दर्जन भर परिवार निकोली मोहल्ला से हटे थे। वलसाड़ चले गए।

लल्लू जोगी परिवार के साथ (तस्वीर साभार : नीलम पटेल)

लल्लू की दहशत आज भी गाँव में इस कदर पसरी हुई है कि लोग उसके चलने-फिरने से लाचार होने के बावजूद एक शब्द बताना नहीं चाहते। किसी से बात कर लें तो इतना घबराते हुए कुछ बताएगा कि महसूस होता है लल्लू जोगी वहीं खड़ा उनकी बात सुन रहा हो।

लल्लू का घोड़ा राजू

लल्लू के पास एक घोड़ा था। उसका नाम था राजू। दमन के लोग बताते हैं कि राजू पर लल्लू को जितना भरोसा था, उतना खुद पर न था। इस घोड़े पर सवार होकर जब लल्लू जोगी जवानी के दिनों में निकलता, तो शान ही निराली होती थी।

लल्लू के इस घोड़े की एक खूबी यह थी कि पूरे बागान के हर रास्ते से वह बखूबी परिचित था। लल्लू की आवाज पर वह कहीं भी तुरन्त जा पहुँचता था।

कहते हैं कि जब कस्टम्स और पुलिस के दस्ते तस्करी से लाए सोने की धरपकड़ के इरादे से बागान में पहुँचते, लल्लू सीटी बजाता, राजू उसके पास प्रकट हो जाता। राजू पर सवार होकर लल्लू पलक झपकते वहाँ से गायब हो जाता। नावों पर सवार या पैदल पहुँचे कस्टम्स व पुलिस वाले भौचक देखते रह जाते। राजू के कारण कभी लल्लू को बागान से पकड़ा नहीं जा सका।

राजू की मौत

राजू की मौत को लेकर भी एक किस्सा कहा जाता है। कहते हैं कि एक बार लल्लू भाई राजू पर सवार होकर बाजार से जा रहा था। पीछे से एक गाड़ी आ गई। उसने हॉर्न बजाया और राजू बुरी तरह चौंका और बिदककर उछलने लगा। राजू पर सवार लल्लू जोगी जमीन पर जा गिरा।

सरे बाजार हुई इस बेइज्जती से लल्लू जोगी बुरी तरह बौखला गया। वह राजू को लेकर बागान में पहुँचा। उसके सिर पर बन्दूक की नली रखी—और धाँय। एक गोली में एक गलती के लिए सबसे वफादार साथी की लल्लू ने जान ले ली।

घुड़दौड़ का शौक

जिस घर में लल्लू जोगी रहते हैं, उसके पास समन्दर का लम्बा किनारा है। वहाँ लल्लू जोगी हर रविवार घुड़दौड़ करवाता था। वहाँ घोड़ों की दौड़ पर प्रतिबन्ध न था लेकिन मजे के लिए उस पर जुआ भी वे करते थे।

घुड़दौड़ दशहरे के दिन होती थी। उस दिन राजू भी दौड़ता था। उस पर लल्लू सवार नहीं होते थे, उनका कोई कारिन्दा राजू को दौड़ाता था। बड़े-बड़े

लोग दाँव लगाते थे। हर कोई वहाँ दौड़ नहीं देख सकता था। किसी को यह पता नहीं चल पाता था कि वहाँ क्या-कितने ऊँचे दाँव लगते हैं।

लल्लू जोगी की इस घुड़दौड़ का मजा लेने मुम्बई और गुजरात के विभिन्न शहरों से ढेरों धन्ना सेठ आते थे। वे इस घुड़दौड़ पर मोटी रकम का जुआ लगाते थे। इस घुड़दौड़ में जो जीतते थे, उन्हें जुए में लगी रकम का एक हिस्सा मिलता था। एक हिस्सा लल्लू जोगी के पास जाता था। इसका इस्तेमाल लल्लू जोगी किसी न किसी धार्मिक काम में कर देता था। अपने घर नहीं ले जाता था। लगभग 25 सालों से यह घुड़दौड़ बन्द हो गई।

सोना तस्करी

कहा जाता है कि लल्लू जोगी का सोना तस्करी साम्राज्य दमन में विस्तारित था। उदवाड़ा गाँव और उसके आसपास का इलाका तो उसकी सोना तस्करी राजधानी था। सोने की तस्करी के बारे में पूछने पर लल्लू जोगी खुद को पाक-साफ बताता है। वो कहता है कि कुछ लोगों ने मिलीभगत करके उसे बदनाम करने के लिए मुकदमे लादे थे। लल्लू जोगी कहता है कि उसकी पैतृक मच्छीमारी व खेती-बाड़ी से घर-परिवार चलता रहा है। वो इससे भी साफ इनकार करता है कि कभी सोने या किसी सामान की तस्करी की थी।

कहा जाता है कि दमन के दबंग लल्लू जोगी ने किलेनुमा विशाल घर ठीक समन्दर किनारे बना रखा था, जिसका एक हिस्सा ठीक समन्दर की चट्टानों के बीच इस तरह बना था कि तस्करी का सामान लदी नौकाएँ सीधे घर के नीचे आ पहुँचती थीं। उससे माल सीधे जीपों और ट्रकों में भरकर मुम्बई की तरफ रवाना हो जाता था। यह बात और है कि खुद लल्लू जोगी ऐसे किसी घर या बागान में बने मकान से इनकार करता है। वो कहता है कि तस्करी से उसका वास्ता नहीं था, तो ऐसा घर बनाने की उसे जरूरत भी नहीं थी।

पुलिस अधिकारियों का कहना है कि बखिया और लल्लू जोगी ने मिलकर दमन को सोना तस्करी के लिए सबसे सुरक्षित उतराई का ठिकाना बनाया था।

लल्लू जोगी यह स्वीकार करता है कि मुम्बई के सोना तस्करी के बेताज बादशाह हाजी मस्तान से उसके दोस्ताना ताल्लुकात थे लेकिन कारोबारी न थे। वो यह भी स्वीकारता है कि एक-दो बार दमन में दाऊद इब्राहीम भी आया था, वो उससे मिला भी था लेकिन उससे कारोबारी रिश्ता न था। दाऊद को जानने से भी वो साफ मुकर जाता है।

लल्लू के उसूल

लल्लू बेहद दुस्साहसी था। उसी दौरान यूसुफ हीरो भी एक सोना तस्कर था। वे दोनों ही सुकुर नारायण बखिया के चेले बताए जाते हैं। बखिया उस समय सोने की तस्करी का बेताज बादशाह होता था। यूसुफ हीरो गुजरात का था। देखने में इतना खूबसूरत कि उसे लोग हीरो कहते थे। लल्लू भले ही बखिया के निर्देश मानता था, हीरो किसी की नहीं सुनता था। वह खुद का ही काम करने लगा था। बखिया की मौत के बाद दोनों ने अपने-अपने काम कर लिए थे।

उन दिनों लल्लू, हीरो और हाजी मस्तान का गठबन्धन था। दूसरी तरफ बखिया और मोहम्मद भाई का गठबन्धन था। ये लोग हेराफेरी में बिलकुल विश्वास नहीं करते थे।

लल्लू जोगी (तस्वीर : विवेक अग्रवाल)

लल्लू के साथ अच्छी बात यह थी कि वो बेहद ईमानदार था। धन्धे में कभी कोई गड़बड़ी नहीं करता था। इसी के चलते तस्करी से जुड़े तमाम लोगों में लल्लू जोगी का नाम टकसाली सिक्के की तरह चलता था।

लल्लू के पास लम्बा तटीय इलाका था। पहले वो अपने घर तक माल लाता था। वहाँ से छोटी-छोटी मात्रा में आसपास के गाँवों में साहूकारों और दुकानदारों की तिजोरियों में रखता था। जब जरूरत होती, उतनी मात्रा में सोना निकालकर भेज देता था।

लल्लू का जाल इतना अच्छा था कि आधा टन सोना गाँवों के इन बनियों की तिजोरियों में जादू की तरह छुपा देता था। किसी को पता ही नहीं चलता कि गाँवों में तस्करी का इतना सोना छुपा है।

माल एक साथ न रखने के पीछे उद्देश्य यह था कि कभी कस्टम्स या डीआरआई छापामारी करे तो एक साथ पूरा सोना न पकड़ा जाए।

मुम्बई और गुजरात ही नहीं, दूरदराज के सोना कारोबारी भी लल्लू के साथ काम करना पसन्द करते थे। यही कारण था कि हाजी मस्तान भी लल्लू से ही सोना मँगाता था।

तस्करी के धन्धे में लल्लू का उसूल था कि जो आदमी एक बार उसके यहाँ माल ले आता, उसे दुबारा ठिकाने पर नहीं आने देता था। इस तरह उसके ठिकानों की गोपनीयता हमेशा बनी रहती थी।

लल्लू जोगी हमेशा फिल्मी और राजनीतिक हस्तियों से दूरी बनाए रखता। वह अपनी दुनिया में मस्त रहता। उसका मानना था कि बड़े लोगों से सम्बन्ध रखने के अपने ही नुकसान हैं। उनके कारण पुलिस और खुफिया एजेंसियों की निगाह में बेमतलब आ जाते हैं।

हाजी का गुरु

सोना तस्करी के धंधे में पूरी बुलन्दी से सही मायने में किसी ने काम किया था तो वह लल्लू जोगी ही था। असल में वह हाजी मस्तान का सोना तस्करी के धंधे का गुरु था।

उन दिनों हाजी का अपना नेटवर्क नहीं था। वह तो दूसरों से किराए पर काम करवाता था। हाजी मन और तबीयत से गुंडागर्दी करने वाला बन्दा भी नहीं था। उसके साथ अगर सोने में कोई हेराफेरी कर जाता तो उससे माल की वापसी करवाने की व्यवस्था तक नहीं थी। इससे हाजी को खासा नुकसान होता था क्योंकि उसके पास खुद की गुंडा फौज नहीं थी।

लल्लू के साथ लेकिन ऐसा नहीं था। उसने पूरी सेना तैयार कर रखी थी। उसके लोग समन्दर की तूफानी लहरों से जितने जीवट से भिड़ जाते थे, उतने

ही दुस्साहसी वे विरोधियों और कानून रक्षक एजेंसियों के अफसरान से सामना करने के मामले में भी थे।

लल्लू बड़ा लम्बा-चौड़ा और भारी-भरकम संजाल तैयार कर चुका था। तस्करी में वही कामयाब होता है, जिसका नेटवर्क बड़ा होता है।

भाणा भाई का साथ

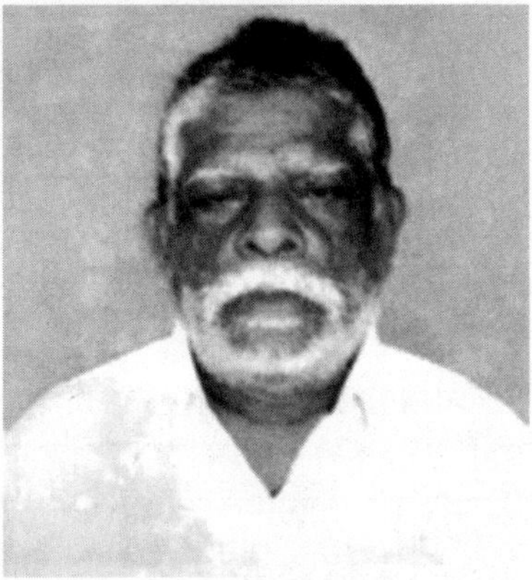

भाणा भाई पटेल
(तस्वीर साभार : सुन्दर शेखर)

दमन का एक और बड़ा तस्कर होता था, नाम था भाणा भाई पटेल। सोने की तस्करी में उसका हाथ पकड़ने वाला कोई न था।

उसके हाजी मस्तान से बेहद मधुर सम्बन्ध थे। हाजी मस्तान कभी भाणा भाई का नाम सही उच्चारित नहीं कर पाता था। वह हमेशा उसे दाना भाई ही पुकारता था। इसी के चलते पूरी मुम्बई में दाना भाई के नाम से वह मशहूर हो गया था।

इसी भाणा भाई पटेल के साथ लल्लू जोगी के अच्छे रिश्ते रहे हैं। मजेदार बात यह है कि एक ही कारोबार से जुड़े होने के बावजूद उनके बीच दुश्मनी या प्रतिस्पर्धा नाम भर की न थी।

डीएस विरुद्ध लल्लू

उन दिनों कस्टम्स अधिकारी दयाशंकर उर्फ डीएस की तैनाती वलसाड़ जिले में हुई। उनके आते ही इलाके के तमाम तस्करों और लैंडिंग एजेंटों में हड़कम्प मच गया। डीएस के लिए एक बड़ी मुसीबत यह भी थी कि उनके कार्य क्षेत्र में 150 किलोमीटर लम्बी समुद्री सीमा पड़ती थी। डीएस अकेले कहाँ-कहाँ जा सकते थे।

डीएस जब तक किसी सूचना पर दमन पहुँचते थे, तस्कर वलसाड़ या सलाया में सोने-चाँदी की लैंडिंग कर गायब हो जाते। उन्होंने सोचा कि इलाके में तस्करी कैसे रोकें। जब उनके खबरियों ने बताया कि सोना-चाँदी असल में

गाँव के बनियों की तिजोरियों में रखा जाता है, स्थानीय सरपंच लल्लू की मदद करते हैं, तो डीएस ने इन्हें ही निशाना बनाना तय किया।

उन दिनों लल्लू का लगभग 150 गाँवों में पूरी तरह सिक्का चलता था।

डीएस अपनी जीप लेकर निकलते थे। एक सरकारी कार्बाइन रख ली। एक रिवॉल्वर रख ली। अकेले ही चल दिए। एक गाँव आया तो बनिये की दुकान के बाहर जीप रोकते। उसी पर खड़े हो जाते। सरपंच को बुला लेते। गाँव वालों को जमा कर लेते। इसके बाद कार्बाइन से हवा में चार-पाँच गोलियाँ दागते। जीप में खड़े होकर ऊँची आवाज में गाँव वालों को सम्बोधित करते।

लल्लू जोगी जवानी में
(तस्वीर साभार : नीलम पटेल)

फिल्मी अन्दाज में डीएस ऐलानिया कहते, "मेरा नाम दयाशंकर है। मैं कस्टम्स का ऑफिसर हूँ। मुझे मालूम है कि इस बनिये की तिजोरी में किसका-कितना सोना पड़ा है। आज मैं कुछ नहीं कहता हूँ। ये बनिये और सरपंच को बताता हूँ। अगली बार आऊँगा तो बनिये की तिजोरी खोलूँगा। उसमें से लल्लू जोगी का जितना माल निकलेगा, वो मेरा। और ये गोलियाँ बनिये की गांड़ में जाएँगी। आज के बाद अगर किसी ने लल्लू जोगी को चाय-पानी दी, मुझसे बुरा कोई नहीं होगा। लल्लू को पानी मैं पिलाऊँगा।"

यह नाटक कर डीएस दूसरे गाँव चल देते। इस तरह कुल 150 गाँवों में डीएस ने आतंक पैदा कर दिया। लल्लू की जब अगली लैंडिंग हुई तो कोई बनिया व सरपंच माल रखने के लिए तैयार न हुआ। लल्लू हैरान हो गया। उसे समझ नहीं आ रहा था कि ये सब हो क्या गया है।

डीएस ने छह माह में लल्लू की हालत खराब कर दी। इतने समय में ही लल्लू के खिलाफ अलग-अलग गाँवों में पाँच दर्जन से अधिक मामले दर्ज कर दिए। लल्लू की अलग-अलग अदालतों में दो से तीन पेशियाँ लगने लगीं। न जाता तो गिरफ्तारी वारंट निकलने लगते।

डीएस बड़े चालाक थे। वे लल्लू को गिरफ्तार नहीं करते थे। उसे भागने देते। कहते कि उसे अगर गिरफ्तार कर लूँगा तो हर पेशी पर मुझे ले-लेकर जाना पड़ेगा। ऐसे तो दिन-रात वो भागता-छुपता रहेगा। जब ठिए पर बैठेगा ही नहीं तो काम भी क्या करेगा। वह जमानत पर रिहा होगा और अकड़कर घूमने लगेगा, सबसे बोलेगा कि देख लो, तुम लोगों ने मेरा क्या बिगाड़ लिया।

इन सबसे लल्लू जोगी इस कदर परेशान हो चला कि दुहाई देने लगा कि उसे गिरफ्तार कर लें तो बेहतर। एक बार में ही टंटा खत्म हो जाए। वह भाग-भाग कर थकने लगा। गाँवों में तो दूर, उसे अदालत तक में कोई चाय-पानी नहीं पूछता था।

लल्लू का गाँवों में बनियों का पूरा संजाल डीएस ने काट फेंका। सरपंचों की सरपरस्ती खत्म कर दी। लल्लू को देखकर भी लोग दरवाजा बन्द करने लगे। इन हालात से लल्लू बुरी तरह परेशान हो चला।

डीएस का छापा

दयाशंकर यानी डीएस और लल्लू जोगी के बीच का एक किस्सा बड़ा मशहूर है। यह बात वो अपने संस्मरणों में कई बार सुनाता था।

एक बार डीएस ने दमन में रात को ठीक तब छापा मारा, जब लल्लू जोगी गिरोह के साथ चाँदी की सिल्लियों की उतराई में जुटा था। यह बड़ी खेप थी। इसके कारण खुद लल्लू जोगी मौके पर मौजूद था।

डीएस को मौके पर देख लल्लू जोगी ने पिस्तौल निकालकर दयाशंकर पर तान दी। वहाँ से न जाने पर डीएस को गोली मारने की धमकी दी।

डीएस बेखौफ लल्लू की ओर बढ़ते रहे। लल्लू मुश्किल में पड़ गया। उसने माल के सामने एक ईमानदार अफसर के खून से हाथ न रँगने का फैसला किया। डीएस को बस डराने के लिए इधर-उधर गोलीबारी करता भाग गया।

जब लोगों ने उससे पूछा तो कहा कि चाँदी और आ जाएगी, ऐसा शेर दिल इनसान दुबारा नहीं आने वाला। एक शेर दूसरे शेर पर हमला नहीं करता।

लल्लू का समर्पण

एक दिन वह डीएस के सामने जा खड़ा हुआ। लल्लू ने उससे कहा, ''साहब, मुझसे गलती हो गई। माफ कर दो। भाग-भाग कर थक गया हूँ। मेरे ही इलाके

दयाशंकर : जाँबाज कस्टम्स अधिकारी

में मेरी इस कदर बेइज्जती हो गई है। राजा को भिखारी बना दिया है। क्या चाहते हो मेरे से? क्या दुश्मनी है मेरी आपसे?''

''कुछ नहीं, स्मगलिंग छोड़ दो।'' डीएस ने शान्त स्वर में कहा।

''काम छोड़ा तो मैं करूँगा क्या? ये लाव-लश्कर पालूँगा कैसे?'' लल्लू हैरान होते हुए बोला।

''मैं बताता हूँ कैसे पालेगा। ये ले कागज, पकड़ पेंसिल, लिख। कितना पैसा-सोना कहाँ पड़ा है। कितनी जमीन-घर कहाँ है। फिर बताता हूँ क्या करना है।'' डीएस ने एक कागज-पेंसिल लल्लू की तरफ बढ़ाते हुए कहा।

चम्पाबेन लल्लू भाई पटेल

सामने बैठकर लल्लू ने बड़ी ईमानदारी से कागज पर सारी तफसील लिख दी। कुछ देर शान्त भाव से डीएस कागज पर लिखा पढ़ते रहे।

कुछ देर सोचने के बाद डीएस ने कहा, ''प्लॉट पर अस्पताल बना दे। यहाँ स्कूल खोल। यहाँ कॉलेज बना। यहाँ वृद्धाश्रम बना दे। तुझे इज्जत मिलेगी। पहले जैसे लोग दरवाजे खोलकर अगवानी करेंगे। इज्जत तो फिर ऐसे ही बनेगी। वहाँ जमीन बिक रही है, वो खरीद ले। वहाँ एक कारखाना लगा दे। सबको उसमें काम दे।''

डीएस की बातें लल्लू चुपचाप सुनता रहा। जो बताया, वैसा ही किया। दो साल में ही वह फिर खड़ा हो गया। बिना तस्करी के ही लल्लू का फिर वही

शानो-शौकत और इज्जत-रुतबा कायम हो गया। अब लोग इसकी इज्जत करने लगे थे, पहले खौफ खाते थे।

डीएस पर मुकदमा

उसी दौर में लल्लू के एक रिश्तेदार की एक जज के घर में शादी हो गई। इसका फायदा उठाते हुए लल्लू ने डीएस के खिलाफ एक मुकदमा भी दायर करवा दिया। यह मामला अदालत में काफी समय तक चला। मुम्बई में तैनाती के दौरान भी इस मुकदमे की सुनवाई के लिए डीएस हर पेशी पर दमन की अदालत में जाते रहे। जब लल्लू में सुधार आ गया तो उसने यह मुकदमा भी वापस ले लिया था।

धन से अमीर, किस्मत से गरीब

लल्लू जोगी अकूत धन कमाकर भले ही अमीर बना, वह किस्मत का बड़ा गरीब निकला। उसका भरा-पूरा परिवार बुढ़ापे में उस समय खत्म हो गया, जब उसे बेटों के सहारे की सबसे अधिक जरूरत थी।

14 अक्तूबर, 2011 को अमरीका से सॉफ्टवेयर इंजीनियरिंग करके लौटा 35 साल का छोटा बेटा संदीप अपनी 75 साल की माँ चम्पा बेन की हत्या कर देता है।

दमन पुलिस द्वारा जारी प्रेस नोट में की तफसील इस तरह है। एफआईआर नम्बर 117/2011, धाराएँ 302 आईपीसी। 14 अक्तूबर, 2011 को नीलम भाई हँसमुखराई पटेल, जो लल्लू जोगी का नाती है, निवासी देसाई पेट्रोल पम्प के सामने, नेशनल हाईवे नम्बर 8, होटल शिव दर्शन के पीछे, ओरवाड़, उदवाड़ा (आरएस) जिला वलसाड़, तहसील पारड़ी, गुजरात ने शिकायत दर्ज करवाई कि जब अपने घर पर था, 14 अक्तूबर, 2011 को सुबह सवा सात बजे फोन आया।

फोन करने वाली लल्लू जोगी भाई पटेल के घर की नौकरानी शान्ति थी। शान्ति ने नीलम को बताया कि लल्लू भाई की पत्नी और उसकी नानी चम्पा बेन, जो पटेल फेलिया, मारवाड़, नानी दमन के बँगले में रहती हैं, बेडरूम में खून से लथपथ पड़ी हैं। वह तुरन्त दमन आए।

इस पर नीलम ने दुबारा फोन कर शान्ति से यह जानकारी पुख्ता की कि वाकई ऐसा हादसा हुआ है। शान्ति ने बताया कि उसकी नानी फर्श पर गिर पड़ी

संदीप लल्लू भाई पटेल

हैं। उन्हें लगातार खून बह रहा है। वो तुरन्त घर आए।

नीलम ने अपने मामा संदीप पटेल के मोबाइल पर फोन किया। संदीप बँगले की तीसरी मंजिल पर रहता था। नीलम ने संदीप से कहा कि वो तुरन्त नीचे जाकर देखें, चम्पा बेन गिर गई हैं। संदीप ने कहा कि वो सो रहा है।

इसके बाद चिन्तित नीलम अपनी माँ कुन्दन बेन के साथ 20 मिनट में नानी दमन के मारवाड़ इलाके की मुख्य सड़क पर लल्लू जोगी के शानदार बँगले पर पहुँचा। नीलम ने वहाँ देखा कि चम्पा बेन बेडरूम में पड़ी हैं। उसके शरीर पर कई जख्म हैं। काफी खून निकल चुका है। वह तुरन्त थाने पहुँचा और मामला बताया।

नीलम की शिकायत पर आईपीसी की धारा 302 के तहत पुलिस ने एफआईआर नम्बर 117/2011 दर्ज की। जिसके मुताबिक चम्पा बेन की हत्या किसी ने तीखे हथियार से की है। चम्पा बेन के शरीर पर चाकू के 17 वार हुए थे।

जोगी परिवार से पूछताछ हुई। पुलिस को संदीप के संदिग्ध व्यवहार पर शक हुआ। सख्ती से पूछताछ में संदीप ने सब कुछ उगल दिया। हत्या के वक्त पहने रक्त से लथपथ कपड़े घर से ही मिल गए।

दमन के तत्कालीन आईजी मुकेश चन्द्रा के मुताबिक संदीप ने बताया था कि चम्पा बेन की हत्या चाकू से की है। जाँच के दौरान हत्या का चाकू भी बरामद हो गया। पुलिस ने उसे गिरफ्तार कर लिया। अदालत ने संदीप को उसी दिन न्यायिक हिरासत में मोटी दमन सब जेल भेज दिया। गवाहों के बयानों से संदीप के अपराध की पुष्टि हुई।

पुलिस दस्तावेजों के मुताबिक संदीप ने माँ की गले, छाती और पेट में छुरे घोंप-घोंपकर उस रकम के लिए हत्या की, जो लल्लू जोगी को समन्दर किनारे 178 एकड़ का नारियल बागान बेचने से मिली थी। पुलिस ने दावा किया कि संदीप यह रकम अकेले हासिल करना चाहता था। न मिली तो गुस्से में माँ पर हमला कर दिया। वह चम्पा बेन से नाराज था क्योंकि होटल खोलने के लिए धन नहीं दे रही थीं। चम्पा बेन ने संदीप का पासपोर्ट भी रख लिया था। वे नहीं चाहती थीं कि संदीप फिर विदेश जाए। उन्हें लगता था कि नशे की लत विदेशों में अधिक जोर न पकड़ लेगी, जिसका नतीजा भयावह होगा।

कहते हैं कि संदीप जब पढ़ने अमरीका गया, तो बहन के घर रहा। वहाँ उसे तेज नशे की लत लग गई। वह नशे में पिता की दौलत उजाड़ने लगा। उसे पैसे देने में माँ-बाप को तकलीफ न थी लेकिन वे जानते थे कि सारा पैसा नशे में झोंक देगा। खुद नशे में गर्क हो जाएगा। वे नहीं जानते थे कि जिस चिराग से घर में रोशनी होनी थी, वही एक दिन घर को जलाकर खाक कर देगा।

दमन के तत्कालीन पुलिस प्रमुख कपूर सिंह ने अखबारों से कहा था कि बेरोजगार संदीप खर्च के लिए पिता पर ही निर्भर था। वह शानदार जिन्दगी बिता चुका था। आइन्दा भी शानदार जिन्दगी की हसरत रखता था। इसी कारण

यह अपराध कर गुजरा। जब हत्या हुई, तब भी लल्लू जोगी बिस्तर पर था। वह हमेशा पहली मंजिल के अपने कमरे में पलंग पर लेटा रहता था।

संदीप की शादी नवसारी मूल की अमरीका निवासी लड़की सृष्टि पटेल से हुई थी। संदीप की शादी का लल्लू भाई ने विरोध किया था क्योंकि लड़की उनके समाज की नहीं थी। कुछ कारणों से यह शादी नहीं टिकी। संदीप का तलाक हो गया। संदीप को एक बेटा हुआ। स्थानीय लोग कहते हैं कि नशे की लत से ही संदीप का तलाक हुआ। उसके बाद वह दमन लौटकर माता-पिता के साथ रहने लगा।

सृष्टि का साथ

एक अंग्रेजी अखबार में जब खबर शाया हुई कि किस तरह चम्पा बेन की हत्या हुई है तो संदीप की तलाकशुदा पत्नी सृष्टि पटेल ने उसी अखबार की वेबसाइट पर अंग्रेजी में टिप्पणी लिखी, जिसका तर्जुमा कुछ यूँ है, "संदीप पटेल एक बेहद समझदार इनसान है। हम दस साल तक विवाहित जीवन बिताते रहे हैं। वह भारत इसलिए वापस लौटा था क्योंकि उसे अपने अभिभावकों की देखभाल करनी थी। उसके पास उतना पैसा था, जितने की उसे दरकार थी। वह न तो लालची है, न कभी होगा। उसने पैसे कमाने के लिए कड़ी मेहनत की थी। वह सदा मेरे और हमारे बेटे के साथ रहा है। मैं उसकी नशे की समस्या के बारे में समझती हूँ लेकिन अपनी पत्नी और बच्चे से दूर रहना उसे खुश तो नहीं ही कर सकता था परन्तु उसके सामने और कोई मार्ग भी न था। मैं अपने बेटे के साथ दिसम्बर में उससे मिलने जा रही हूँ। हम हमेशा फोन पर बात करते हैं। मैं चाहती हूँ कि ऐसे गाढ़े वक्त में उसके पास रहूँ, उसकी मदद करूँ लेकिन मैं यह भी नहीं चाहती हूँ कि मेरा बेटा उसे इन हालात में देखे। लेकिन सृष्टि संदीप पटेल सदा उसकी जिन्दगी में रहेगी...इस जीवन में भी...अगले जीवन में भी। संदीप मैं तुम्हें प्यार करती हूँ और सदा करती रहूँगी।"

बेटों की रहस्यमय मौत

बड़ा बेटा दिलीप काफी अच्छा था। वह लल्लू के साथ दमन में ही रहता था। उन दिनों दिलीप या लल्लू में से कोई एक सदा दमन में ही बना रहता था। दिलीप पूरे बागान की देखभाल करता था।

दिलीप (45) ने सन् 2007 में एक दिन अवसाद में खुद को गोली मारकर आत्महत्या कर ली और यह परिवार खत्म हो गया। यह आत्महत्या आज भी एक रहस्य है, जिसके बारे में कोई कुछ नहीं जानता है। किसी को यह पता नहीं है कि दिलीप ने आखिरकार क्यों आत्महत्या की थी। कहते हैं कि उसे कुछ बीमारी थी। बहुत इलाज करवाया लेकिन मर्ज ठीक नहीं होता था। उसके कारण आत्महत्या करने की बात कही जाती है।

दिलीप लल्लू भाई पटेल

माँ की हत्या के बाद संदीप ने भी कुछ अर्सा बीतने पर आत्महत्या की। तब वो जमानत पर छूटकर आया था। संदीप को सजा हो गई थी। उसने आत्महत्या कैसे व क्यों की, यह किसी को पता नहीं चला। एक होटल में उसकी सड़ी लाश मिली थी। यह आशंका कोई नहीं जताता कि कोई संदीप की हत्या करेगा। लोग कहते हैं कि वह नशे की अधिकता से मरा होगा। उसकी मौत आज भी रहस्य है।

मुस्लिमों से दूरी!

लल्लू जोगी से जब बात करो तो साफ इनकार करता है कि मुस्लिम समुदाय से कोई सम्बन्ध कभी रहा है। कहता है कि उनका खाना-पीना अलग है, रीति-रिवाज अलग है। हमारा उनके साथ कोई मेल नहीं है।

इसके उलट सच यही है कि उसका पूरा तस्करी नेटवर्क मुस्लिमों के साथ ही था। उनके साथ मिलकर ही लल्लू जोगी का काम होता था। हाजी मस्तान ने जयप्रकाश नारायण और इन्दिरा गांधी से मिलकर जब धन्धा बन्द करने का हलफ उठाया तो इसे लल्लू ने भी माना था। मस्तान ने वादा किया तो लल्लू जोगी ने भी उसका मान रखा था।

लल्लू जोगी का जाना

लल्लू भाई जोगी भाई पटेल उर्फ लल्लू जोगी की मौत के साथ सोना तस्करी का स्वर्णिम युग खत्म हो गया। लल्लू जोगी ने 16 मई, 2019 की सुबह साढ़े नौ बजे लीलावती अस्पताल में आखिरी साँस ली।

दमन में गाजे-बाजे व धूमधाम से लल्लू जोगी की शवयात्रा निकली। उसके अन्तिम सफर में साथ देने हजारों लोग आए। मरवण श्मशान भूमि पर समन्दर किनारे अंत्येष्टि हुई। वही समन्दर लल्लू जोगी के अन्त का भी गवाह बना, जो उसके उदय देखता रहा है।

लल्लू जोगी की पाँच बेटियाँ हैं, जिनका वैवाहिक जीवन ठीक है। वे सभी मजे से जीवन गुजार रही हैं। लल्लू जोगी के उदवाड़ा निवासी दामाद हंसमुख भाई भगवान भाई पटेल का परिवार ही एकाकी जीवन जी रहे इस अन्तिम स्वर्ण तस्कर की देखभाल कर रहा था।

किस्सा-ए-जोगी

दाऊद का गुरु

मुम्बई के संगठित अपराध जगत में यह आम है कि लल्लू जोगी ही वह व्यक्ति है, जिसने दाऊद इब्राहीम को देश का सबसे बड़ा डॉन बनाने में मदद की थी। दाऊद को सोने की तस्करी के गुर न केवल सिखाए थे बल्कि इस काम में उसे भरपूर मदद भी की थी।

वह लल्लू जोगी ही था जिसने दाऊद का निकाह भी उस महजबीन से करवाया था, जिसका परिवार एक बार तो इस रिश्ते से लगभग इनकार ही कर चुका था। साबिर की हत्या के बाद हिंसक हो चले दाऊद की खूँरेजी और दुश्मनी निभाने की तरकीबें देखकर महजबीन के माता-पिता भी दहल गए थे। वे दाऊद के हाथों अपनी फूल-सी नाजुक बेटी का हाथ सौंपने को लेकर शंकित हो चले थे।

वह लल्लू जोगी ही था जिसने उन्हें समझाया कि ये दुनिया का उसूल है कि कोई किसी परिवार के साथ कुछ गलत करे तो उसका बदला लिया जाता है। और यह भी उन्हें सोचना चाहिए कि शादी के बाद यह सब होता तो क्या करते ? क्या उसके बाद वे दामाद से बेटी का रिश्ता तोड़ने के लिए कहते ?

ये बातें न केवल महजबीन बल्कि उसके माता-पिता के भी जहन में गहरे तक उतर गईं। न केवल यह रिश्ता पक्का हो गया, बल्कि परवान चढ़ा तो उसी बागान में, जो लल्लू जोगी का सबसे सुरक्षित और अभेद्य ठिकाना था।

बखिया का साथ

लल्लू जोगी के बारे में सब जानते हैं कि उसके करीबी दोस्तों में से एक सुकुर नारायण बखिया भी था। कभी गुजरात में रहने वाला सुकुर नारायण बखिया एक वक्त में मुम्बई के सबसे खतरनाक और बड़े सोना तस्करों में शुमार होने लगा था।

कहते हैं कि बखिया और लल्लू जोगी ने 70 के दशक में साथ मिलकर सोना तस्करी बड़े पैमाने पर की थी। दोनों ने मिलकर दमन को सोना तस्करी के लिए सबसे सुरक्षित उतराई ठिकाना बना लिया था।

दमन में मीलों तक फैला उजाड़ और बियाबान समन्दर का ऐसा किनारा था, जहाँ मेंग्रोव्स के जंगलों के बीच कोई चला जाए तो उसे खोजना चंबल के बीहड़ों में किसी डाकू को खोजने जितना ही नामुमकिन काम था।

उन दिनों दमन निवासी सुकुर नारायण बखिया का बड़ा बोलबाला था। उसने सोने की तस्करी को अनंत ऊँचाइयों पर पहुँचाया था। उसे सोना तस्करों के बीच सबसे अधिक सम्मान मिलता था। वह मुम्बई से दमन तक एकच्छत्र राज करता था।

हाजी मस्तान से सम्बन्ध

कहा तो यह भी जाता है कि बखिया के सम्बन्ध हाजी मस्तान से खासे गहरे थे। उसी ने लल्लू को हाजी से मिलाया था। सब जानते हैं कि दाऊद से लल्लू की पहली मुलाकात हाजी से तब हुई थी, जब जवान दाऊद का काम हाजी के लिए सोने की खेपों की गुजरात, दमन या महाराष्ट्र के तटों पर उतराई के बाद सुरक्षित ठिकानों तक पहुँचाता था। हाजी के साथ दाऊद जब दमन आया, तब लल्लू से पहली मुलाकात हुई थी।

बखिया का हाजी मस्तान से पहले से सम्बन्ध था। लल्लू जोगी से कुछ अर्से बाद सम्बन्ध बने। हाजी से सम्बन्धों पर लल्लू जोगी का कहना है कि एक मुजरे के दौरान कुछ लोगों का मस्तान और उसके साथियों से झगड़ा हो गया।

लल्लू कहता है कि उनके बीच सुलह करवाने के लिए हाजी ने मुझे याद किया, ''मैं मौके पर गया और सबको समझा–बुझाकर मामला शान्त कर दिया। उसके बाद हम दोस्त बन गए। वह क्या करता था, उससे मुझे कोई मतलब नहीं था। मैं जब मुम्बई जाता तो उससे मिलता था, जब वह दमन आता तो मुझसे मिलता था। बस।''

जोगी का दुश्मन

दमन में पुलिस और कस्टम्स का मुखबिर बाबू कोला है। वह तो लल्लू जोगी के खिलाफ मुखबिरी करने से भी बाज नहीं आता था। बड़ा दुस्साहसी था। लल्लू का माल कई बार उसने पकड़वाया था। वह धरवाड़ा में रहता है। इनके माल की ताक में ही रहता था।

वाड़ियों में तो वह पैदल भी ऐसा तेज भागता था कि लोग दाँतों तले अँगुली दबा लें। उसकी उम्र अब साठ पार है। वह इलाके में आज बेकार विचरण करता रहता है। शराब का बेहद शौकीन है।

लल्लू की बन्दूक

दमन के करीब के एक गाँव में लल्लू को करीब से जानने वाले बन्दे से भी हम मिले। उसने बताया कि लल्लू जोगी के किसी मुकादम से एक बन्दूक वाड़ी के आसपास खाड़ी में गिर गई थी। उन लोगों ने खाड़ी में बन्दूक खोजने की बहुत कोशिश की लेकिन मिली नहीं।

थोड़े समय बाद कुछ गाँव वालों को मिट्टी में दबी यह बन्दूक अचानक मिल गई। गाँव वाले बन्दूक लेकर सरपंच के घर गए। बन्दूक लाने के बदले में उन्हें सरपंच ने बतौर इनाम लाल ज्वार की एक बोरी दी। यह इनाम भी उन दिनों बहुत मायने रखता था। उन्हें पता था कि लल्लू को यह जानकारी मिलेगी तो वो जिन्दा नहीं छोड़ेगा। इस डर के मारे वे सारे गाँव छोड़ कर ही भाग गए।

सफेद कपड़े में लिपटी यह बन्दूक गाँव के और लोग तो नहीं देख सके थे लेकिन उसकी दास्तान सभी को पता है।

बन्दूक मिलने की बात लल्लू जोगी को पता चल गई। लल्लू ने अपने आदमी भेजकर बन्दूक खोजने और सरपंच को देने वाले ग्रामीणों

को उठाने भेजा। तब तक तो सभी गाँव के बाहर भाग चुके थे। कोई हाथ नहीं लगा।

पारसी सरपंच तो उसूलों का पक्का था, उसने पहले ही सरकारी खजाने में बन्दूक जमा कर दी थी। बन्दूक लल्लू भाई को वापस नहीं मिली।

यह भी कहा जाता है कि कुछ ग्रामीणों को कुछ और भी हथियार या दस्ती बम मिले थे, जो कभी लल्लू जोगी के ही होते थे। ये सब दमन के बाहर लोगों को बेचकर गाँव वालों ने भी पैसे बनाए थे।

कानून को ठेंगा

लल्लू जोगी पर कई मामले और मुकदमे चले। उसके खिलाफ जितने मुकदमे चले, सभी में अमूमन वह बरी हो गया। किसी में अहमदाबाद हाईकोर्ट से, किसी में मुम्बई हाईकोर्ट से, तो किसी में सुप्रीम कोर्ट से। कभी आयकर ट्रिब्यूनल से तो कभी कस्टम्स के हाथों से। कभी-कभी तो ऐसी महीन बातों का फायदा वह उठाता था, जिसे देखकर कोई भी अचरज में पड़ जाए।

एक बार उसे सुप्रीम कोर्ट ने महज इस बात पर रिहा कर दिया था क्योंकि कस्टम्स अधिकारी ने उसके खिलाफ मामला अंग्रेजी में लिखा था। लल्लू जोगी को अंग्रेजी नहीं आती थी। अदालत ने माना कि सिर्फ उसे पढ़कर गुजराती में यह समझा देना ही काफी नहीं है कि मामला क्या है, उसे मामले की बारीकी पता होनी चाहिए।

सुप्रीम कोर्ट की जस्टिस रंजीत सिंह सरकारिया और ओ. चिनप्पा रेड्डी खंडपीठ ने 15 दिसम्बर, 1980 को एक आदेश दिया था। यह मामला फेमा—1974 के तहत उसकी गिरफ्तारी को लेकर हुआ था। अदालत ने माना कि लल्लू जोगी की गिरफ्तारी अवैध थी।

लल्लू जोगी ने अधिकारियों पर आरोप लगाया कि उसके कहने पर भी तमाम दस्तावेज उसे नहीं दिए। जो दिए वे भी अधूरे थे। कुल 460 पृष्ठ में से 236 ही मिले थे। तीसरा यह कि उसकी गिरफ्तारी से सम्बन्धित दस्तावेज अंग्रेजी में थे, उनके गुजराती अनुवाद उसे उपलब्ध नहीं करवाए। लल्लू जोगी के वकीलों की फौज ने मिलकर अदालत में ऐसे कानूनी दाँव-पेच खेले कि उसे साफ बरी करवा दिया।

लल्लू जोगी (तस्वीर : विवेक अग्रवाल)

5,600 किलो चाँदी जब्त

पूर्व कस्टम्स आयुक्त टीएचके गौरी ने दमन और मारवाड़ तटों से सन् 1982 में चाँदी की एक बड़ी खेप की बरामदगी के बारे में कस्टम्स विभाग की त्रैमासिक पत्रिका 'आईस' के 2 जुलाई, 2012 के अंक में एक लेख लिखा था। उन्होंने लिखा है कि सन् 1975 के बाद तो दमन सोना-चाँदी तस्करी का मुख्य केन्द्र बन गया था। सन् 80 के दशक में विश्व बाजार में चाँदी के भाव बढ़ने लगे तो उसकी तस्करी भी बेतहाशा बढ़ी थी। तब दमन से कोलकाता तक के तटीय क्षेत्रों में चाँदी की अवैध खेप कई बार पकड़ी गईं। चाँदी की तटीय इलाकों के 50 किमी. क्षेत्रफल में आवाजाही पर रोक थी।

वे बताते हैं कि बुलसर डिवीजन, गुजरात में बतौर सहायक आयुक्त तैनात थे। उनके मातहत दमन, दीव, गोवा आता था। उन दिनों तस्करी यहाँ आम थी। वहाँ पर मुखबिरों का अच्छा जाल तैयार कर चुके थे। सितम्बर 1982 में एक मुखबिर से सूचना मिली कि लल्लू जोगी का दुबई से आया माल उतरेगा। वह बदले में यहाँ से चाँदी भेजेगा। उन दिनों आमतौर पर एक ढऊ दुबई से गुजरात तट तक पाँच दिनों में आ जाता था। ढऊ को वाहन भी कहते हैं, जो लकड़ी

लल्लू जोगी की दमन में कोठी (तस्वीर : विवेक अग्रवाल)

के 15 से 30 मीटर लम्बे जहाज होते हैं। इनका इस्तेमाल भारत, पाकिस्तान, दुबई, बांग्लादेश के बीच समन्दर में माल लाने-ले जाने के लिए खूब होता है। इनसे तस्करी भी खूब होती है। मुखबिर के मुताबिक रात में माल की उतराई होगी। उन्होंने अहमदाबाद में कस्टम्स आयुक्त बीवी कुमार को इसकी सूचना दी।

उन दिनों तस्कर माल ला रही नौका से बातचीत के लिए सिटिजन बैंड वॉकी-टॉकी का इस्तेमाल करते थे। उनकी बातचीत सुनने के लिए कस्टम्स के एक कम्यूनिकेशन अफसर को जरूरी उपकरणों के साथ एक गाँव में तैनात किया। उनका साथ देने के लिए डीआरआई के अधिकारी एसएस शेखों भी पहुँच गए। वे लोग रात साढ़े 11 बजे दमन के लिए निकल गए।

वापी में एक रेलवे क्रॉसिंग है, जहाँ तस्करों के साथी पुलिस और कस्टम्स अधिकारियों की आवाजाही पर निगरानी रखते हैं। यह बात उन्हें पता थी। वहाँ से निकलने के बाद उनके पास सूचना आई कि तस्करों की नौका से वॉकी-टॉकी के जरिए बातचीत हो रही है। ये तमाम अफसरान पास के एक बागान में जा छुपे।

उनके वॉकी-टॉकी पर एक सन्देश उभरा—'मामू आवी गयो।' इसका अर्थ था—'कस्टम्स अधिकारी आ गए।'

इस दस्ते को खोजने के लिए कहा गया और वे तलाशने लगे लेकिन बागान में छुपे होने से वे निगाह में नहीं आए। वॉकी-टॉकी पर उन्हें सुनाई दिया कि इन लोगों के दमन जाने की सम्भावना व्यक्त की गई। इतना ही नहीं तस्करों की नौका आने से बात करने के लिए संकेत में कहा जा रहा था, 'पपीहा बोल, पपीहा बोल।'

दूसरी तरफ से आवाज नहीं आ रही थी। तस्करों की नौका आने में देरी के अन्देशे में दस्ता छुपा रहा। यह तय था कि चाँदी आज ही आ रही थी। कस्टम्स की गश्ती नौकाएँ भी समन्दर में थीं। बाद में पता चला कि चाँदी लदी नौका का वॉकी-टॉकी काम नहीं कर रहा था। कस्टम्स की एक गश्ती नौका ने तस्करों की नौका दूर से देख ली और उसके बारे में जानकारी मिल गई। तस्करों की नौका को भी इसकी भनक मिल गई और वह वापस गहरे समन्दर में लौट गई।

वे बताते हैं कि सुबह चुपचाप हम सभी वापस लौटे। उतराई वाली जगह पर खबरी से सूचना मिलने का इन्तजार करने लगे। आयुक्त ने आदेश दिया कि वे लल्लू जी की वाड़ी पर छापा मारें। वे दल-बल के साथ बागान पर पहुँचे तो लल्लू जोगी को उसके कुछ साथियों समेत पाया। वहाँ कई कारें खड़ी थीं। पूरे इलाके की तलाशी ली लेकिन वहाँ कुछ नहीं मिला।

एसएस शेखों ने वहाँ खड़ी कुछ कारों में से एक फिएट कार की तरफ इशारा किया। उसने बताया कि यह दाऊद इब्राहीम की निजी कार है। इसका मतलब यह है कि वह रात में यहाँ था। लगता है कि वह छापा पड़ने की जानकारी मिलने पर वहाँ से पैदल ही भाग निकला है।

बीवी कुमार ने लल्लू जोगी से कहा, "हुरी तुम रात भर नहीं सोया, क्या करता था।"

लल्लू जोगी ने कहा, "साहब, आप नहीं सोए तो मैं कैसे सो सकता था।"

उस दिन कस्टम्स अधिकारी खाली हाथ ही लौटे।

उनकी किस्मत प्रबल थी। उसी दिन मुखबिर ने चुपचाप सम्पर्क किया। उसने बताया कि कल रात लैंडिंग नहीं हुई। जो चाँदी बाहर जानी है, वह समन्दर में एक जगह छुपी है। माल कहाँ रखा है, यह जैसे ही पता चलेगा, वह बताएगा। कस्टम्स ने तुरन्त पूरे मारवाड़ तट के आसपास नाकाबन्दी करवा दी ताकि समन्दर से चाँदी निकालकर न ले जा सकें। समन्दर और सड़कों पर गश्त भी बढ़ा दी।

तीन-चार दिनों बाद खबरी रात साढ़े 11 बजे उनके घर पहुँचा। उसने बताया कि लल्लू जोगी ने चाँदी कहाँ छुपाई है। वह स्थान लल्लू जोगी के बँगले से ठीक 500 मीटर अन्दर समन्दर में थी। वहाँ पीले रंग का एक बोए लगा है। उसके पास ही गुलाबी रंग का एक बोए है। बोए प्लास्टिक के हवा भरे गोले होते हैं, जिन्हें जाल के ऊपर पहचान के लिए मछुआरे लगाते हैं। उतरे पानी के वक्त वहाँ जाना आसान होता वरना चाँदी के ऊपर दो मीटर पानी होता। पानी उतरने का समय सुबह लगभग साढ़े सात बजे का था। उन्होंने तुरन्त एक बड़ा दस्ता तैयार किया। दमन के एसपी को भी सूचना दी।

लगभग 40 अफसरान के साथ उन्होंने अल-सुबह तट पर घेराबन्दी कर दी। काफी मात्रा में बन्दूकें-पिस्तौलें भी अधिकारी साथ लाए। दमन कस्टम्स और पुलिस के दस्ते भी आ पहुँचे।

टीएचके गौरी जूते उतारकर समन्दर के पानी में उतरे लेकिन तीखे कोरल से घायल होने की सम्भावना के कारण वापस पहनने पड़े। कमर तक पानी में वे आगे बढ़ते गए। इस दौरान तट पर तमाशबीन गाँव वालों की भीड़ लगने लगी थी। उन्हें पता था कि अफसरान के हाथों में बन्दूकें और पिस्तौलें देखकर वे कुछ भी गड़बड़ नहीं करने वाले थे।

समन्दर में काफी सारे बोए थे, जो मछुआरों के जालों के ऊपर लगे थे। वे अभी समझ नहीं पा रहे थे कि माल कहाँ हो सकता है, गोली की आवाज आई। आसपास देखा तो पता चला कि उनके एक सुपरिंटेंडेंट डाया भाई पटेल ने गोली चलाकर उन लोगों को इशारा किया था। वे तस्करों के माल छुपाने की तरकीबों से खासे वाकिफ थे।

उनके पास पहुँचने पर पता चला कि चाँदी का खेप वहीं पर मछुआरों के मजबूत जालों में बँधी पड़ी थी। अब तक तीन घंटे बीत चुके थे। तीन घंटे और

बाकी थे, जब समन्दर में पानी चढ़ने वाला था। तुरन्त उमरगाँव और बुबर कस्टम्स की दो नावें वहाँ बुलाईं। हर चाँदी की सिल्ली 30 किलो वजन की थी। उन्हें निकालकर तट तक ले जाना सम्भव न था।

टीएचके गौरी ने तय किया कि पहले चाँदी की सिल्लियों को बिलकुल उथले पानी तक पहुँचा दें। वहाँ से दूसरा दस्ता उन्हें उठाकर अपने कब्जे में लेता रहे। तमाम अफसरान और कर्मचारियों ने मिलकर सिल्लियाँ उठाकर सुरक्षित लाने में जीतोड़ कोशिशें कीं।

उनकी जीपें भी पानी में उतारकर माल भरा गया। तट तक जाकर एक विश्वसनीय अधिकारी को सौंपकर वापस आते रहे, माल ले जाते रहे। चारों तरफ हथियारबन्द पुलिस और कस्टम्स अधिकारी तैनात रहे ताकि वहाँ मौजूद गाँव वाले हमला कर माल लूट न ले जाएँ।

जब सारी चाँदी निकाल ली तो दो पंचों को बुलाकर माल का पंचनामा किया और दमन कस्टम्स के दफ्तर एक ट्रक में भरकर ले गए। यह चाँदी उन दिनों कुल 1.68 करोड़ रुपए की निकली। तब चाँदी तीन हजार रुपए प्रति किलो थी यानी कुल 5,600 किलो चाँदी थी।

इस शानदार सूचना व उपलब्धि पर मुखबिर को नौ लाख रुपए इनाम मिला। सभी अफसरान को भी मोटी इनामी राशि मिली थी। यह बात और है कि सहायक आयुक्त और उसके ऊपर वाले अधिकारियों को इनाम न देने वाले नियम के कारण टीएचके गौरी को बतौर इनाम एक छदाम भी नहीं मिला।

♥ ♣ ♦ ♠